子どもと保育者でつくる

育ちの記録

—あそびの中の育ちを可視化する—

北野幸子 監修・著

大阪府私立幼稚園連盟
第26次プロジェクトメンバー 著

日本標準

ごあいさつ

質の高い幼児教育が求められる時代を迎えて

今、OECDをはじめとした世界の先進国では、問題解決型学力の根幹にかかわる乳幼児期からの教育の重要性が共通認識となり、日本に於いても幼稚園教育要領等の改訂においては乳幼児期からの「社会情動的スキル・非認知的能力」等の育ちを大切にした教育・保育が求められています。

また、幼児教育の重要性から2019年10月より幼児教育・保育の無償化が実施されました。長年、幼稚園団体として取り組んできた悲願が叶うことに対しまして、これまでご尽力いただいた先人の先生方、PTAの皆様、国会議員の皆様に心から感謝する次第です。しかし、一方では、無償化で幼児教育・保育に多額の公費が投入されることにより、これまで以上に幼児教育が注目され、多額の公費が投入されることの意義が問われています。幼児教育に携わる我々は、私立学校として建学の精神に基づいた質の高い教育を実践すると同時に、公の教育機関として、学校教育のスタートとしてさらなる質の向上を図り、可視化し、社会に発信していかなくてはなりません。

この事例集に掲載されている子どもの主体性や対話を大切にした実践が、子どもの幸せを願って、真摯に幼児教育に取り組まれているすべての園にとっての、保育の質の向上に役立つことを願ってやみません。

最後になりましたが、大阪府私立幼稚園連盟の第26次プロジェクトにおける研究が、このような事例集として出版されるにあたり、大変お忙しい中、2015年からご指導いただいております北野幸子先生に心より感謝申し上げますとともに、1日の保育が終わったあとにプロジェクトに参加いただいた先生方、大阪府私立幼稚園連盟教育研究所の原先生、岡部先生に心より感謝いたします。

一般社団法人 大阪府私立幼稚園連盟

理事長　安達 譲

第26次プロジェクトと
近畿地区私立幼稚園教員研修大会

第26次プロジェクトは、これまでの研究と違って6年という長いスパンで縦断的に子どもの育ちを見ていこうとするものです。6年という期間もさることながら（通常は2年間）、育ちを縦断的に見ていこうという試みも初めてのことで、過去に大阪府私立幼稚園連盟プロジェクトに参加経験がある先生方も、当初は期待と不安とが交錯する中でのスタートだったと思われます。

当連盟主催のプロジェクトは、常に研究結果としての実践発表とセットになっており、その成果を近畿地区私立幼稚園教員研修大会（以降、近研大会）あるいは大阪府私立幼稚園教育研究大会（以降、大研大会）の分科会で助言者を交えて報告をすることが慣例となっています。ここでは4年目の研究の区切りとして、研究会の進捗状況を近研大会の発表内容から振り返ってみることにいたします。

さて、毎回プロジェクトでは、研究のキーワードというものを助言者の先生から示されます。今回は「非認知的能力」（社会情動的スキル）が助言者である北野幸子先生から示され、これをメインテーマとして子どもの育ちを見守っていくこととなりました。

当初、非認知的能力という言葉を初めて耳にされた先生方もおられ、その解釈の差に戸惑う空気もありました。しかし、北野先生のレクチャーやご用意してくださった数多くの資料もあり、理解が進むにつれ場の空気もほぐれ、研究が深まっていく感じを受けました。

研究の方法は、非認知的能力の育ちにかかわる事例およびドキュメンテーションを、月1回の研究会に持ち寄り、その内容について検討することから始まりました。検討の方法は、ラベルワークの手法を用い、事例提供者の省察や参加者による対話を軸に行われました。その中で話し合われた結果、非認知的能力として今回は、①自尊感情、②思いやり、③自制心の3つのカテゴリーに集約し、各々の育ちを0〜2歳児（乳児期）と3〜5歳児（幼児期）に分けて検討することとなりました。そしてその研究成果を、2017年7月の近研京都大会の分科会で発表いたしました。

近研大会の発表テーマは、「0歳児から6歳児までの保育・教育を考える」（非認知的能力はどのように育まれるのか）というもので、日頃の研究会で話し合い、検討されている内容が中心です。

当日の冒頭、北野先生から本研究の趣旨説明があり、続いて6人の先生方による実践発表とそれに関する質疑応答、その後フロアにおけるグループワークへと展開していきました。各発表では乳児（0歳児、1歳児、2歳児）と幼児（3歳児、4歳児、5歳児）の非認知的能力の育ちについて、環境構成や教材提供の観点から具体性をもって紹介されました。その中で、乳児においてはアタッチメント（愛着行動）、幼児では子ども同士の育ち合いの重要性が指摘されました。

新制度が2015年より本格的に実施され、3歳からであった幼稚園が認定こども園として、0歳から6歳までを見通した子どもの発達理解と保育実践のあり方が模索されようとし始めた時期での分科会ということもあり、これから認定こども園に改組を予定されている園も多くある中で、タイムリーな内容であったと思われます。

この中間報告のあと、乳幼児期の保育についての独自性や保育者の専門性等について事例の検討や対話に基づいた研究が進められ、2019年7月の近研兵庫大会分科会において、当プロジェクトチームは再び発表の機会を得ることになりました。

テーマは「非認知的能力を育む保育実践」（0歳から積み上げる保育と保育者の専門性）です。内容は、前回の発表をさらに深めたもので、特に乳幼児期の独自性とその関連の中で培われる保育者の専門性を考察したものです。写真に加えてビデオ（映像）等の可視性を活かし、非認知的能力を育む保育実践活動とそこで見られる保育者の専門性について発表されました。

方法は前回と同じく、乳児（0歳児、1歳児、2歳児）と幼児（3歳児、4歳児、5歳児）に分け、それぞれの実践を持ち寄り、子どもたちへの援助、かかわり、環境設定を中心に研究を重ねました。そして今回の報告では、子どもの①主体性、②問題解決能力、③協調性などの非認知的能力の育ちを、学びに向かう力や認知的能力に結び付くプロセスに視点をおき、乳幼児期の保育の重要性を考察しました。

分科会では前回同様、北野先生より研究の趣旨説明があり、続いて5人の先生方の実践発表と質疑応答、そしてフロアにおけるグループワークへと続きました。グループワークでは、研究グループの先生方にもリード役として話し合いに参加していただきました。

以上のほか、2017年3月に行われた第60回大阪府私立幼稚園教育研究大会でも発表しています。2019年7月の発表が、研究プロジェクトにとって最終のものになるのかどうかは、今のところ未定です。しかし、研究を深めれば深めるほど、その奥深さを痛感し、なかなか着地点が見えてこないのも事実です。

このように発表の機会が増えると、当然メンバーの先生方の負担も増すかと思われますが、発表することで自分たちの研究内容が整理され、より鮮明になってくることも事実です。そういう意味では「プロジェクト」が「発表」とセットになっている意義が、ここにあるように思われます。

今回、事例集を発行する運びとなりましたが、これも同じことが言えます。それぞれの事例での学びが、この事例集を通して各保育現場で資するものとなることを願ってやみません。

一般社団法人　大阪府私立幼稚園連盟教育研究所
所長　原 史臣

ごあいさつ

質の高い幼児教育が求められる時代を迎えて………2
一般社団法人 大阪府私立幼稚園連盟　理事長　安達 譲

プロローグ

第26次プロジェクトと近畿地区私立幼稚園教員研修大会………3
一般社団法人 大阪府私立幼稚園連盟教育研究所　所長　原 史臣

第1章
保育の可視化と発信のすすめ

乳幼児期の育ちと学び ～見えにくい育ちこそを大切に～………8

第2章
非認知的能力を育てる保育実践 0歳児

0歳児の非認知的能力を育てる………16

0歳児の保育実践

事例1　いない いない ばあ！（庄内こどもの杜幼稚園）………17
事例2　ドングリころころ（庄内こどもの杜幼稚園）………18
事例3　よちよち、てくてく、おもしろい（日吉幼稚園）………19
事例4　好きな先生に見守られて（日吉幼稚園）………20

第3章
非認知的能力を育てる保育実践 1～2歳児

1～2歳児の非認知的能力を育てる………22

1歳児の保育実践

事例1　イヤイヤ（日吉幼稚園）………24
事例2　してあげようか？（日吉幼稚園）………25
事例3　おもしろいなあ！ ぐちゃぐちゃやん！（日吉幼稚園）………26
事例4　楽しいなあ！ ひも通しあそび（小松幼稚園）………27

2歳児の保育実践

事例1　かけっこ ～よーいドン！ からの～（日吉幼稚園）………28
事例2　ブロックあそび ～ぼくも一緒にやりたいな～（ひじり幼稚園・ひじり保育園）………29
事例3　あしあと、てん、てん（日吉幼稚園）………30
事例4　セミ、ミーンミーン（日吉幼稚園）………31
事例5　あたしが使ってた（日吉幼稚園）………32
事例6　すごいやろー（日吉幼稚園）………34

第4章
非認知的能力を育てる保育実践 3～4歳児

3～4歳児の非認知的能力を育てる………36

3歳児の保育実践
事例1　お庭で見つけた宝物 ～広がっていく活動の中で～（金田幼稚園）………40
事例2　4月の姿（金田幼稚園）………43
事例3　「おすしやさん」に招待してもらったよ！（せんりひじり幼稚園・ひじりにじいろ保育園）………44
4歳児の保育実践
事例1　けんか ～自由あそびの1場面より～（御幸幼稚園・さくらんぼ保育園）………45
事例2　ブドウを守らなきゃ（光の園幼稚園）………46
事例3　みんなでドミノを倒すには?（光の園幼稚園）………47
事例4　みんなに楽しんでもらいたい（光の園幼稚園）………48

第5章
非認知的能力を育てる保育実践 5歳児
5歳児の非認知的能力を育てる………50
5歳児の保育実践
事例1　ドッチボール大会しませんか?（せんりひじり幼稚園・ひじりにじいろ保育園）………52
事例2　スーパーボールが浮かない（せんりひじり幼稚園・ひじりにじいろ保育園）………54
事例3　もっと怖くしたい「くらやみのろいべや」（せんりひじり幼稚園・ひじりにじいろ保育園）………56
事例4　最後の日は「幼稚園に泊まりたい」（せんりひじり幼稚園・ひじりにじいろ保育園）………58
事例5　こんな季節にガ!!　なんでバタバタしてるんやろ?（なわて幼稚園）………60
事例6　宇宙ってどんなところ?（豊中みどり幼稚園）………61
事例7　みんなで力を合わせよう！（豊中みどり幼稚園）………62
事例8　天国でも元気でね ～ザリガニの飼育を通して～（ひじり幼稚園）………63
事例9　鬼ごっこから（日常の話し合い）（ひじり幼稚園）………64
事例10　ナスビが食べられた！（せんりひじり幼稚園・ひじりにじいろ保育園）………65
事例11　命を感じる ～ウサギの「ラムくん」のお世話を通して～
（せんりひじり幼稚園・ひじりにじいろ保育園）………66

第6章
ドキュメンテーションを活用する
第26次プロジェクトメンバー座談会
可視化することで、どんどん保育が楽しくなった！
～ドキュメンテーションを生かした実践の振り返り～………68
子どもの育ちの場面を切り取る写真、そして記録へ………74
ドキュメンテーションによる可視化 ～2つの事例から～………78
保護者への発信 ～子どもの育ちや保育者の意図を伝える～………82
幼児教育での視点を小学校につなげる記録 ～学校種におけるそれぞれの育ちの理解～………84
乳幼児教育の質の維持・向上のために………90

エピローグ
乳幼児教育・保育の重要性を広く伝えていくために………93
神戸大学大学院 人間発達環境学研究科　准教授　北野 幸子

著者紹介………94

第1章

保育の可視化と発信のすすめ

乳幼児期の育ちと学び
～見えにくい育ちこそを大切に～

1.乳幼児教育の独自性

個別性への配慮
～一人一人(一人ひとり)を大切に～

指針や要領には、「一人一人（一人ひとり)」といった言葉がたくさん出てきます。これは、誕生からの期間が短ければ短いほど、その育ちや学びの姿に個人差が大きいことが理由です。つまり、乳幼児期の育ちや学びの姿については、その特徴が見られる「時期」と「期間」に大きな個人差があるのです。

保育専門職は、養成校で、平均的で一般的な育ちや学びの姿について学び、免許や資格を習得してきました。また、保育実践現場では、個々の理解を深めるために、平均的な様相をある種の物差しのように活用します。

しかし、平均的で一般的な指標はあくまでも個人への理解を深めるために使う道具であって、道具に保育者が惑わされてしまったり、使われてしまったりしてはいけません。子どもを無理に指標に近づけたり、合わせようとしたり、個人を平均値へ無理に近づけるようにすることは避けたいものです。

保育者は、乳幼児期の保育の専門職として、要領や指針という法的根拠を確認し、実践においては、この時期の子どもの育ちには、個人差が大きいこと、それだからこそ、一人ひとりの子どもの育ちの「時期」や「期間」にとらわれる必要がないことをしっかり自覚したり、再確認したりする必要があると考えます。要領や指針を学び、常に実践の法的根拠として要領や指針を参照している保育者ですら、つい、他児と比較したり、平均値にとらわれて「できた、できない」といった結果主義に陥ってしまったりすることがあるのです。ましてや、乳幼児教育学や発達科学を学んできた経験が少ない保護者の多くは、つい、友だちや、きょうだい等、ほかの子どもと我が子を比べて、不安を抱いたりすることが多いように思います。保護者の不安や焦りを軽減するように、乳幼児教育においては特に、個別性の配慮が大切であることを伝え、支援をしたいものです。

順序性への認識
～誕生からの育ちをとらえる～

子どもの育ちにおいて、ある特徴が見られる「時期」や「期間」については、個人差が極めて大きいのですが、育ちの特徴の順序性については、ある程度の共通事項があるとされています。だからこそ、子どもの育ちは、「まだ〇〇できない」といった、年上の姿から逆算して見るのではなく、「今、〇〇といった姿（様子）が見られた」というように、誕生から積み上げられてきたそのプロセスを大切に子どもの育ちを見るべきであると考えます。また、保護者に対しても、そういった視点がもてるように支援することが大切であると思います。

多くの保護者が「教育とは」と考える場合に思い出すのは、小学校以降の教育でしょう。多くの保護者にとって、自身の経験でも、学年や教科ごとに到達すべき内容が明確な教育の期間が長く、また、記憶に新しいからです。ですから、多くの保護者は我が子をほかの子どもと比較しながら、結果に過度にこだわって到達度を問い、不安に陥るのだと思います。実際、ほかの子どもと比較して、我が子の不足部分や未達成の部分をあら探ししたり、よくない行為を探そうとしてしまうのは、楽しい子育てとは思えません。また、子どもたちも楽しく生活できるとは思えません。ですから、保育専門職が、乳幼児の個々の育ちを見取り、好きなことや得意なことを認め、褒めるかかわりが大切であることを、実際にモデルを見せながら、保護者に伝えたいものです。

結果よりプロセスを見取ろう

✓**気持ちや様子を見取る**
「できた」「できない」だけでなく、どのように感じているのか？
どのような様子なのか？

✓**背景を考える**
どうしてそのように感じているのか？
どうしてそのように行動するのか？

✓**スモール・ステップで育ちをとらえる**

2．保育者の専門性

社会情動的（非認知的）能力を育む
～乳幼児期に21世紀を生き抜く力を～

社会情動的（非認知的）能力とは、数値化することが難しく、見えにくい力ではあるけれども、生きていく上で基礎となる大切な力のことをさします。特に、認知的能力と対比して、その大切さが強調されています。

認知的能力とは、人やものなどの対象を知覚する力のことであり、さらには、知覚に加えて、推論したり、判断したり、決定したり、記憶したり、言語を理解するなどの要素を包括して認知する力をも意味します。語彙など記憶を問うテストや、計算テスト、文章題などから推論する力を問うテスト、学習課題テストなどで、認知的能力は測定することができます。IQテスト等も、認知的能力を図る方法の1つです。

自らの認知したことを自覚する力、つまり、認知を認知する力を、メタ認知能力といいます。メタ認知能力とは例えば、「『自分がわかっている』ということを自覚する力」や、「『自分がこのことについては知らない』ということに気付く力」をさします。

こういった認知的能力と対比しつつ、異なる様相の力、例えば、意欲や好奇心、粘り強さ、意思などの力、協調性、思いやり、自制心等のことを社会情動的（非認知的）能力と言います。これらの力は考えたり、感じたり、行動する上での基礎となる力です。もちろん、非認知的能力は、「覚えているか」や「できるか」等のテストで測れる能力や結果が見られる認知的能力の育ちの基礎となります。つまり、両者は絡み合いながら育まれる能力とも言えるでしょう。

両者をあえて対比する理由は、保育者の意識に対しての期待があると思います。つまり、乳幼児期の子どもの育ちや学びを支える上では、「覚えているか」や「できるか」を強く意識するよりも、「おもしろそう」「やってみたい」「やればできる」といった気持ちが育っている様子や姿に、より関心をもつことが大切であるので、そのことを、保育者が乳幼児教育にあたってしっかりと意識してほしいという期待があります。

人やものに対する高い関心と、人やものとかかわることの楽しさをしっかりと乳幼児期に育むことが、結果的に認知的能力の育ちにもつながっていきます。特に、乳幼児期は生まれてからの期間が短く、個人差が大きい時期です。加えて、好奇心が旺盛で自己中心性が高く自分のその時々の気持ちに左右されやすい傾向もあります。だからこそ、乳幼児期には、他者に与えられた経験ではなく、主体性を発揮しながら豊かな経験を積み重ねることにより、社会情動的（非認知的）能力をしっかりと育みたいものです。

乳幼児期は内容（小学校の教科内容等）にこだわらず、それが何であれ、人やものに興味をもち、疑問をもち、没頭して遊んだり生活したりする中で試行錯誤をくり返し、探求し、創意工夫する力を育むことを大切にしたいのです。そして、他者との豊かな相互作用の中で、新しいアイデア、自分とは違ったもののとらえ方等を肯定的に受け止めていくことにより、社会情動的（非認知的）能力を育み、これと絡まり合いながら、認知的能力が結果としてついてくることを意識したいのです。

乳幼児教育においては、目的志向型の結果主義的な教育よりも、プロセスを重視した経験主義的な教育が適切であると言われてきました。昨今では、乳幼児期の「学びに向かう力」の育成が、後の教育に影響を与えることが指摘されています。

特にこれからの時代は、国際化、情報化、人工知能化が進む時代であると言われています。そのような時代を、生き抜いていく上で必要とされる能力は、知識や技術を細切れで習得するだけではなく、既存の知識や技術をそれが必要とされる文脈を理解した上で活用し、他者と共同で臨機応変に発展させつつ、応用していく力量であると考えられています。

国立教育政策研究所は『社会の変化に対応する資質や能力を育成する教育課程編成の基本原理』（2013）において、これからの社会に求められる資質・能力として「21世紀型能力」をあげています。ここで言う「21世紀型能力」とは、グローバル化社会の多様な価値観を有する他者と対話し協働する「実践力」を含む力であるとされてい

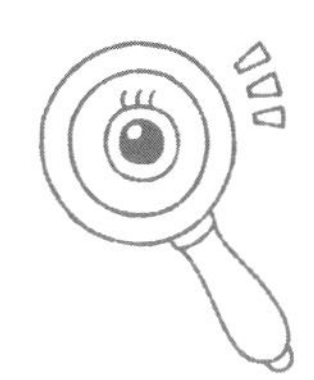

ます。この「実践力」とは、主体的に自ら考え、判断し（選択し）、行動する力であり、コミュニケーションの力、協働性、主体的に参画する力などをさします。

また、複雑な21世紀の世界における問題解決には、「思考力」が大切であるとされており、その「思考力」とは創造性を発揮し、問題を解決する力であるとされています。つまり、論理的に考えたり、批判的に推考したり、自己を振り返り自分についての認識を深めたり、さらに考えを深める力が大切なのです。

国外に目を向けても、21世紀に生き抜く力として、国際団体「ATC21s」（The Assessment and Teaching of 21st-Century Skills＝21世紀型スキル効果測定プロジェクト）が、これからの時代を生きる上で必要な力量として、批判的思考力、問題解決能力、コミュニケーション能力、コラボレーション能力、情報リテラシーなどをあげています。

これからの時代の子どもたちには、創造力を発揮し、新たなイノベーション（技術革新）を起こし、人とつながり、自らが参画することなどが期待されています。それを形づくる基礎は、乳幼児期の教育によって培われるものであり、乳幼児期には「覚えた、覚えていない」「できた、できない」といった結果よりも、心の芯を育むこと、つまり、自尊心や、自己効力感を育み、他者との肯定的なつながりを深めることを大切にする必要があるのです。

変化の時代

国際化、情報化、
人工知能化時代、多元文化社会

変化の時代、不安な時代にこそ
心の「芯」を育む
21 世紀型スキルを育む

暗記型・記憶型・結果主義

活用型・展開型・文脈主義

家庭との連携と保育者の専門性
～乳幼児教育の独自性への理解を深める～

乳幼児教育が小学校の教科内容を中心とした教科主義教育ではなく、社会情動的（非認知的）能力を育む経験主義教育であることについて、保護者に伝え、共通理解を図り、連携を進めることは、保育者の大切な専門性として位置づけられています。

園での主体的なあそびや生活の中で、乳幼児には多くの育ちや学びの姿が見られます。それを可視化し発信することにより、家庭や地域への理解を深めることも、保育者の大切な専門性として位置づけられています（詳細については、例えば以下を参照。北野幸子（2017)、「家庭との連携に関する保育者の専門性に関する検討」『保育学研究』第55巻第3号、p.1-20)。

子どもの興味・関心を起点とし、探求心を大切にしながら、あそびや生活の中での試行錯誤や創意工夫を支援する乳幼児教育の方法は、小学校以降の教育方法としても、「問題解決型学習」や「課題解決型学習(Project Based Learning)」と言われて、実施されています。教科書中心に教える「教授主義教育」と異なり、子どもの問いを起点とした学習者主体の学びである「問題解決型学習」は、指示命令型の教育や暗記、技能習得中心の教育を批判し、子ども中心の教育へと展開しようとした児童中心主義の教育方法としても注目されました。その提唱者として著名なのが、アメリカの新教育運動の代表的なイデオローグである、ジョン・デューイです。デューイの弟子キルパトリックは、その理念を継承し「プロジェクト・メソッド」(動的〈アクティブ〉に探求しつつ学ぶ、問題解決型の実践方法)を提唱しました。アメリカの幼児教育分野でこの方法を継承し「プロジェクト型保育」を発展させたのが、イリノイ大学名誉教授のリリアン・カッツです。現在では、イタリアのレッジョ・エミリア市をはじめ世界各国に浸透しています。

生活とあそびの中で、子どもが興味・関心を抱いた、ある「トピックス」「テーマ」について子どもが探求を深め、没頭して遊びながら、体験的に育ち・学ぶ保育(「プロジェクト型保育」「あそび中心の保育」「子ども主体の保育」等と形容されます)は、乳幼児期に適した経験主義的な教育です。ここでは、子どもの気持ちが起点となり、事実(あそびや生活)こそが活動の中心であり、子どものアイデアを大切にしつつ、子どもたちの相互作用の元で、実践計画が臨機応変に創発的に開発されながら作られ、実践が展開していきます(「探求」やプロジェクト型保育については、例えば、以下を参照。北野幸子(2016)「主体的なあそびの中でこそ育まれる「探求」を考える」『幼児の教育』第115巻第4号 p.13-16)。

こういった実践を家庭や社会に伝え、家庭や地域との連携を図ることが、保育者の重要な専門性として位置づけられています。先にあげたイタリアのレッジョ・エミリア市の教育(以下、レッジョ・エミリア教育)では、あそびや生活の中での子どもの育ちや学びを伝える方法として、「ドキュメンテーション」という記録が一般化しています。スウェーデンでは、個々の子どもについての「ドキュメンテーション」の作成が保育者の業務として位置づけられています。

3. 子どもの育ちや学びを伝える工夫

ここで、子どもの育ちや学びを伝える方法についてご紹介します。

ドキュメンテーション

「ドキュメンテーション」とは、イタリアのレッジョ・エミリア教育で活用されている保育記録とその方法です。子どものあそびや生活の姿、その中での育ちや学びを、写真やエピソードを添えて伝える記録とそ

の方法です。英語で「ドキュメント」とは「記録」を意味し、「-tion」がつくと「～すること」といったように、動作を表す意味となります。

「ドキュメンテーション」は、子どもたちのこれまでの育ちや学びの軌跡を踏まえつつ、さらにはこれからの見通しをもちながら、あそびや生活の中での子ども育ちや学びの変化を可視化するものです。

レッジョ・エミリア教育での、「ドキュメンテーション」作成の意図は、保育現場において、「いかに子どもの主体性を尊重し、あそびや生活の中での子どもの育ちや学びを見取り、援助しているのか」「環境を通じた教育がいかに展開しているのか」「その中で子どもたちの育ちや学びが、どのような姿としてあらわれているのか」を保護者に伝えることにありました。

今日では「ドキュメンテーション」は、保育者同士がほかのクラスの状況を知ったり、ほかの保育者の実践から学んだり、互いに相談し合ったりといった、保育者同士が語り合う時の媒体としての役割を果たしています。また、子どもが経験を振り返ったり、他児の経験を共有したり等、子ども同士が互いに影響を与え合いながら育ち合う媒体としての役割も果たしています。

ポートフォリオ

「ポートフォリオ」とは、子どもの育ちや学びの総合的な記録と評価の方法として開発された方法であり、個々の子どもの育ちや学びの様子をあらわす資料がファイリングされたものです。保育者が撮影した保育場面や子どもの姿の写真や、観察して記録した文章に加えて、子どもの自身が描いたり作ったりした作品が含まれ、ファイリングされます。保護者の意見やコメント、家庭での様子に関する記述などが含められる場合もあります。

「ポートフォリオ」は、子どもたちが自らの育ちや学びの軌跡を確認し、さらなる好奇心や探求心をもったり、次のあそびや生活を創意工夫したりする上で役立てることができる記録です。保育者が、振り返りや、評価、さらなる育ちや学びを計画し発展させていく、カリキュラム・マネジメントにも活用されています。また、保護者理解を促し、保護者との連携を図る媒体としても機能します。

「ラーニング・ストーリー」

「ラーニング・ストーリー」は、マーガレット・カーなどが提案し、現在ニュージーランドで保育業務記録として、保育の可視化や子どもの理解、評価に活用されている方法です。個々の子どものあそびや生活の様子を、写真などを大いに活用して記録し、子どもたちの園での「学びの物語」を保護者に共有しています。ニュージーランドで保育業務の一環として実施されている子どもの「学びの評価（Kei Tua o te Pae：

Assessment for Learning)」では、子どもの姿に気付くこと、学びを意識化すること、応答しさらに考えてかかわること、学びの継続や発展につなげる援助を行うことなどが保育者に求められています。「学びの評価」において、子ども理解や評価の方法として浸透しているのが「ラーニング・ストーリー」の記録です。保育者が記録した「ラーニング・ストーリー」は、作成されたのちにニュージーランドの幼児教育の幼保統一カリキュラム「テ・ファリキ」が示す要素がきちんと含まれているかどうか分析評価されます。「ラーニング・ストーリー」では、子どもたちがあそびを通じて、人・場所・ものとかかわりながら学んでいること、子どもの気持ち（好奇心、探求心、あこがれ等）が起点となり、調べたり、考えたり、比較したり、測定したり、実験したりして問題を解決したり、芸術や音楽への造詣を深め、活き活きと表現したりする様子が可視化され、その検討がなされます。

「ラーニング・ストーリー」は一人ひとりの子どものポートフォリオとして保存され、保護者との共有もなされ、保護者の気づきや家庭での様子などについての情報が後に加筆される場合もあり、保育者、子ども、そして、保護者の理解を深め、かつ、園と家庭と地域との連携を図る上で役立てられています。

以上、ご紹介したように保育を振り返り、記録し、共有することにより、保育者は自らの実践を客観的にとらえ、成功事例についてはその定着を図ることができ、実践における各種判断に役立つ引き出しを増やすことが可能となります。また、同僚との振り返りや対話を通じて、その専門性の向上を図ることができるのです。

よりよい実践のために大切なこと

前提として

- 幼児と教師との相互作用
- プロセス重視

スタートは幼児理解

- 幼児の興味・関心や発達の姿、生活課題などを、しっかり見取る
- その姿を踏まえて、要領等と照らし合わせる
- 個性を大切に、一般的な発達の特徴を踏まえながら、育ってほしい幼児の姿や幼児教育のねらいを設定する

実践は臨機応変に

- 環境の構成と再構成
- 教材の開発
- 援助の工夫

省察（振り返り）

- 何を学んだか（内容）よりも、学びに向かう姿勢や心を大切にする
- 対象が何であれ、気付く、考える、試行錯誤する、アレンジする姿を大切にする

第2章

非認知的能力を育てる保育実践

歳児

0歳児の非認知的能力を育てる………16

0歳児の保育実践

事例1　いない いない ばあ!（庄内こどもの杜幼稚園）………17

事例2　ドングリころころ（庄内こどもの杜幼稚園）………18

事例3　よちよち、てくてく、おもしろい（日吉幼稚園）………19

事例4　好きな先生に見守られて（日吉幼稚園）………20

0歳児の非認知的能力を育てる

人見知りと愛着関係の形成

初めての社会生活の場となる保育園。一般に生後6〜7か月ぐらいから人見知りが始まるでしょう。人見知りが始まる頃に入園し、保育者に初めて出会った0歳児の中には、不安から泣いたりミルクを飲めなかったりする子、午睡ができなかったりする子がいます。このような子どもにも、毎日の保育園生活でのおむつ替えや食事を通して、保育者が「気持ちいいね」「すっきりしたね」「おいしいね」など、ただ声をかけるだけではなく、意図的にかかわることで、安心・安定が形成されると考えます。

日々の生活の中で安心・安定を基盤とし、少しずつ保育者と一緒に遊んだり、絵本を読んだりするうちに、保育者がいて安心できる空間であれば、1人でも遊べるようになります。

しかし、この時期の子どもたちには、担任以外の保育者がクラスに入ってくると人見知りをし、担任保育者のそばへ駆け寄っていく姿も見られます。その姿こそが、安心・安定や、愛着関係が形成されていることを示すものだと言えるでしょう。

探求心の芽生えと主体的な活動

事例2（18ページ）、事例3（19ページ）のように、毎日行く園庭や見慣れた場所での散歩では、保育者が手をつないでいなくても1人で行動する姿が見られます。

見つけた物を持ってきたり振り向いて笑ったりする子どもに対し、保育者が「見つけたの？」など、子どもの気持ちに寄り添い、応答することで、また安心して探求へ向かう姿を見ることができます。この積み重ねが「あそびに向かう心」、そして「探究心」の芽生えになると考えます。

また、安心できる保育者のしていることが気になり、まねをする姿も出てきます。事例4（20ページ）のように、なんだか楽しそう、やってみたいという思いが、幼児期の「挑戦する」行動につながっていきます。初めは身近な保育者のまねっこですが、事例1（17ページ）のように、徐々にクラスの友だちにも目が向き、友だちのまねっこをすることが「社会性の基盤」となっていると考えます。

このように0歳児では、保育者が子どもの気持ちに寄り添い、言葉でのやり取りはできなくとも子どもの気持ちをくみ取り、それに応答することで「愛着関係」が形成されます。また、安心・安定を基盤として、初めての環境でも信頼できる保育者が一緒にいることで「主体的な活動」ができるようになってくると考えます。

事例 1

0歳児の保育実践

いない いない ばあ!

▶庄内こどもの杜幼稚園　0歳児クラス（2016年11月）

キーワード　「他児への興味」「社会性の芽生え」

「いない いない ばあ」を一緒にするよ！

11月、0歳児クラスでは、ほかの子どもへの興味が出てきて、子ども同士のかかわりが多くなってきた。友だちがやることにも興味をもち「一緒にやりたい」という意欲が出てきた。自分の足で好きなところ歩き回れるようになったこの頃、子どもたちは室内のいろいろな場所に興味津々！

ある日I君が机のそばへ行き、床に座っている保育者に向かって1人で「いない いない ばあ」を始めた。保育者の前に座っていたT君が、I君の様子を一緒に見ていた。そして、T君は机のほうへ行き、机をはさんでI君の前に立ち、同じように「いない いない ばあ」を始めた。

2人はお互いの顔が見えると笑顔になり、「きゃっきゃ」と笑う声が響いた。

保育者のかかわりや援助

保育者は次のようにかかわり、援助していった。

- ●友だちに興味を示し始めたので、ほかの子どもへのかかわり方を、子どもと一緒にやりながら伝える。相手の子どもの名前を伝える。
- ●相手のやっていることを言葉で伝え、仲立ちになる。
- ●子ども同士のかかわりを見守りつつ、あそびが途切れないよう仲介役になり、さらにあそびを展開させる。
- ●ほかの子どもに対してのかかわり方や関係づくりができる土台を丁寧につくる。

（文責・河村有希）

離れたところにいる保育者に向かって「いない いない ばあ」をするI君

保育者とT君がI君に気付いた

T君が机まで近づき、2人で「いない いない ばあ」

事例 2

0歳児の保育実践

ドングリころころ

▶庄内こどもの杜幼稚園　0歳児クラス（2016年11月）

キーワード　「愛着形成」「自己肯定感」

拾ったドングリで歌あそび

11月のある日、園庭でドングリを拾ったKちゃん。うれしそうにドングリを握りしめながら保育者のところへ寄ってきて、拾ったドングリを見せていた。

ドングリを見た保育者は「ドングリ見つけたの？」と声をかけたあと、Kちゃんに向かって「ドングリころころ」を歌い始める。Kちゃんは、楽しそうに体を左右に揺らしながらリズムに乗っていた。

ドングリを渡したり受け取ったり

Kちゃんは保育者にドングリを渡そうとするが、再び自分の手の中に戻す。保育者の言葉かけに対し応答的なやり取りを楽しむ姿、反応を示す姿が見られた。

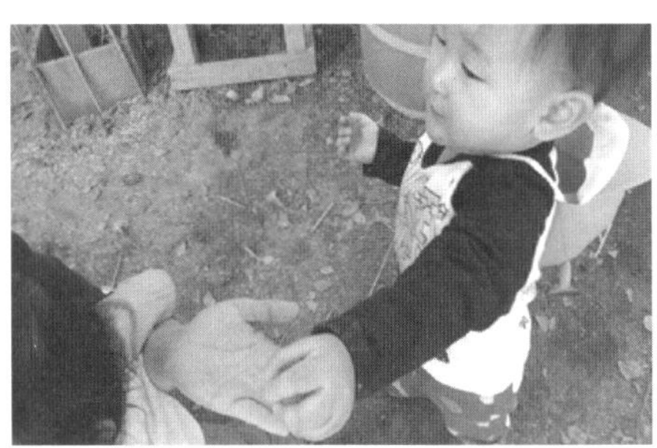

「ドングリ、どうぞ」と保育者に渡す

保育者のかかわりや援助

保育者は次のようにかかわり、援助していった。

- 歌が好きなクラスなので、普段からよく保育に取り入れる。
- 物と名前を一致させることをねらいとして、本物のドングリに触り、くり返し名前を伝えるようにする。
- 保育者との応答的なやり取り（言葉やしぐさ）を丁寧にたくさん行うことで社会性を養う。特に人間関係を構築できるようにすることを重視し、年齢が上がった時に、ほかの子どもに対してのかかわり方や関係づくりができる土台を丁寧につくる。
- 子どもとの信頼関係をはぐくみ、子どもが育とうとする力を信じて見守る。

（文責・河村有希）

事例
3

0歳児の保育実践

よちよち、てくてく、おもしろい

▶日吉幼稚園　0歳児クラス（2019年2月）

キーワード　「好奇心」「探究心」

園庭でお散歩 楽しいな

園庭を散歩するBちゃん。普段は年長児が活動している場所なので、興味津々でいろいろなところを歩きまわっていた。歩けるようになって間がないBちゃんにとって、石ころや、でこぼこした地面など、一つひとつが大冒険！　しっかり歩いて踏ん張る力を自然に身につけていく。

なにか見つけたよ

Bちゃんは、保育者が見守ってくれている安心感から、好奇心・探究心を発揮して、どんどん進んでいった。

いろいろな物を見つけて、立ち止まっては保育者を振り返る。保育者は、その発見を受け止め、共感し、それに寄り添って「なんだろうね」「お花が咲いているね」など、Bちゃんの気持ちを言葉にしていった。

Bちゃんは保育者に共感してもらい、うれしい気持ちで、さらに探索を続けた。

保育者のかかわりや援助

危なっかしい足取りで、思わず手を出してしまいそうになるが、子どもの活動を制限しないよう、保育者からはあえて声をかけず、安全に注意しながら見守っている。

この事例から、保育者が子どもの活動を制限せずに、許容しながら見守ることや発見に共感することで、子どもが安心して探索活動をすることができ、行動範囲が広がり、探究心や好奇心、興味・関心が育っていくと考えられる。

（文責・田中有美子）

なにかを見つけるたびに振り返って、後ろにいる保育者を見る

金網の下をのぞき込む

ウサギを見つめる

事例 4

0歳児の保育実践

好きな先生に見守られて

▶日吉幼稚園　0歳児クラス（2019年2月）

キーワード　「愛着形成」「探究心」「好奇心」

ニギニギ、ギュッギュッ楽しいね

2月のある日、クラスのみんなで一緒に砂場で遊んだ。A君は、大好きな保育者に見守られながら、安心して砂あそびに熱中した。

見て、触って、聴いて、匂いを感じて……様々な感覚を働かせて砂の感触を楽しんだり、保育者が「ギュッギュッ」と声を出しながら握る様子を見てまねをして楽しんだりした。

そうするうちに、砂が手で押し固められることで、形になる不思議さを発見したようだった。

顔を見合わせてニッコリ

砂のもつ特徴に気付いた様子のA君が「楽しいね！」という表情でニッコリ笑って保育者の顔を見た。これは、共感を求める動作である。すぐさま保育者も、「楽しいね」とニッコリ笑って、A君の気持ちに応えるように返した。

保育者のかかわりや援助

保育者は、温かくゆったりとした雰囲気で見守ったり、「ギュッギュッ」と握って見せたりするなどの働きかけをしているが、これに対する子どもの応答や行動に、過度な期待はもたず、子どもの主体的な行動を大切にした。また、子どもの気持ちに共感を示す場合は、タイミングを見逃さないように、見守るようにした。

愛着が形成された保育者に温かく見守られ共感してもらうことで、子どもの探求心や好奇心が発揮されて、さらに自然現象への関心、形や感触などのおもしろさへの関心が育っていくことがわかった。

（文責・田中有美子）

保育者が砂を握る様子をまねて、「ギュッギュッ」と握る。「砂って形になるんだ！」ということを発見した様子

ニッコリするA君。保育者もそれに応えてニッコリ

第3章

非認知的能力を育てる保育実践

歳児

1〜2歳児の非認知的能力を育てる………22

1歳児の保育実践

事例1　イヤイヤ（日吉幼稚園）………24

事例2　してあげようか?（日吉幼稚園）………25

事例3　おもしろいなあ！ ぐちゃぐちゃやん！（日吉幼稚園）………26

事例4　楽しいなあ！ ひも通しあそび（小松幼稚園）………27

2歳児の保育実践

事例1　かけっこ 〜よーいドン！ からの〜（日吉幼稚園）………28

事例2　ブロックあそび 〜ぼくも一緒にやりたいな〜（ひじり幼稚園・ひじり保育園）………29

事例3　あしあと、てん、てん（日吉幼稚園）………30

事例4　セミ、ミーンミーン（日吉幼稚園）………31

事例5　あたしが使ってた（日吉幼稚園）………32

事例6　すごいやろー（日吉幼稚園）………34

1～2歳児の非認知的能力を育てる

1 歳児の実践から

身体を使うあそびと、その継続・発展

1歳児は、「やってみたい」という好奇心が強くなります。特に、身体を使ったダイナミックなあそびを好むようになります。とはいっても、あそびの継続時間は、まだまだ短い時期です。

保育者が子どものあそびを止めることなく、新しい刺激や素材を加えるなど、意図的に環境を変化させることで、子どもの興味・関心は変化します。さらに、あそびを発展させ、継続させる姿を見ることができるでしょう。

また、この頃から、粗大運動だけでなく、指先を使った微細運動が徐々にできるようになります。あそびを通して手と目の協応性が高まっていくからです。さらに、想像力をはたらかせてあそびに向かい、没頭できるようになっていきます。

非認知的能力の芽生えに対する保育者の援助

事例からは、様々な非認知的能力の芽生えを見ることができますが、保育者の援助ポイントには、次のようながことが挙げられます。

①保育者との愛着形成を図り、安心・安定の基盤をつくる。
②あそびの中で子どもたちがなにをしたいのかを推察する。
③意図的に環境を変化させ、優しいまなざし、そして過度ではない期待で見守る。
④子どもに共感し応答する。

1歳児の後半からは、イヤイヤ期に入る子どもも見られます。なにをするにも「いや」と言えるのは、安心できる空間があり、しかもそこに信頼できる保育者がいるからです。子どもがいやがる時は、自我を出そうとしているととらえ、無理に保育者がやってしまうのではなく、子どもの気持ちに寄り添い、見守ることが大切です。

また、「やってみたい」という子どもの気持ちをくみ取り、やってみるのを待ち、できた時には「できたね」と共感することで、子どもは達成感を感じることができます。

さらに子どもは、保育者にしてもらったことを、身近な友だちにもやってあげようとします。そこには、友だちにやってあげる「優しさ」という非認知的能力を見ることができます。自分が日頃からやってもらって心地いいことを、同じように相手にも「やってあげたい」という「優しさ」の芽生えと考えられます。

こうした非認知的能力は、「教えれば育つ」というものではありません。子どもにとっては、保育者が日々の保育で行っていることすべてに意味があるのです。子ども

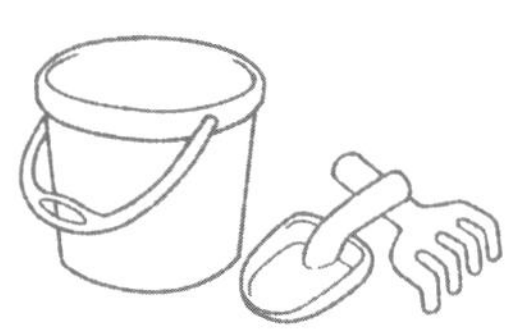

が身近な大人とかかわることで非認知的能力が育っていくことが、事例を通してわかるでしょう。

2歳児の実践から

「他者と私」を認識する時期

2歳児は、なにごとにも「いや」を連発するイヤイヤ期です。

「いや」などと自己主張をするほか、身体的にも、走ったり両足で跳んだりする粗大運動や、ビーズつなぎなど指先の細かい運動の能力が発達するなど、心と身体の発達がめざましい時期です。

中でも特徴的な発達は、「他者と私」という存在の認識が、少しずつ確立してくることです。例えば、友だちとかかわる中で、「ね〜」と言いながら共感している会話がよく聞こえてきます。友だちと自分のかばんの柄が同じであることを見つけ、「一緒だ、ね〜」と顔を見合わせるような姿があります。このように共感しながら交流する一方で、物の取り合いからけんかに発展するケースも多く見られます。

さらには、「友だちと一緒にやってみたい」「こうしたらどうなるのか」など、興味・関心のあることについては、集中して遊ぶ姿も見られます。

興味・関心を継続させる保育者の援助

この時期の子どもが主体的に遊ぶためには、次のような援助が必要です。

①意図的に環境を構成する。
②直接的・間接的にかかわる。
③子どもたちのあそびを受容する。
④問題を解決することだけにこだわらない（プロセスを大切にする）。
⑤できた・できないで判断するよりも、子どもたちの主体的な取り組みを見守り、受容する。
⑥乳児の発達について年齢にとらわれず、その子ども自身の状態を理解する。

室内の玩具も1年間変化がないと、子どもは飽きてしまいます。子どもたちが今、なにに興味・関心があるのかを保育者が探り、それに合った環境を整え、時には変化させていくことで、子どもの興味・関心を継続させることができるのです。

また、子どもの発達段階にもよりますが、あそびだけでなく、トラブル（けんかや物の取り合い）が起こった場合、保育者がすぐには止めに入らず見守ります。これは、自分の思いを相手に伝えることの大切さを理解できるように援助するためです。この時に保育者は問題解決（どっちが悪いのか）だけにこだわらず、子どもの話を受容して、一人ひとりの子どもの気持ちに寄り添うことが大切です。

事例 1

1歳児の保育実践

イヤイヤ

▶日吉幼稚園　1歳児クラス（2019年10月）

キーワード　「自己主張」「社会性」「自己肯定感」

手洗い、いや！

9月になると、子どもたちはクラスや生活に慣れて、自己主張をするようになってくる。「とにかくイヤイヤ」の時期にあるHちゃんは、着替え、おむつ替えなどの一つひとつに対して、「はい」ではなく「いや」という状況。その日は、給食の時間になっても納得できず、手洗いをしたくなくて「やー」と床に手をつき、全身で自分の思いを表現している。

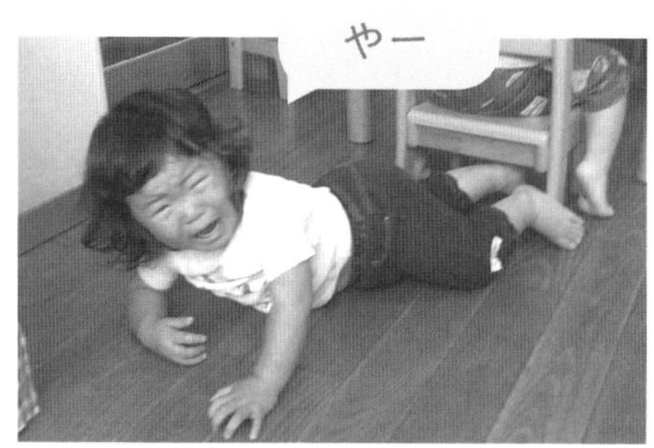

少し落ち着き 保育者をじーっと見る

Hちゃんの様子を見ていたほかの子どもたちは、給食を食べ始めた。保育者はHちゃんには声をかけず見守る。そのうちHちゃんの気持ちも落ち着いてきて、じーっと保育者の姿を見るようになる。

そこで、保育者が声をかけると、Hちゃんの気持ちは少しずつほぐれてきたようだ。気持ちも切り替わり、保育者の声かけに素直に応じて一緒に手洗いができた。

ほかの子どもは食事中。気持ちが落ち着いてきたHちゃんの視線の先には、保育者がいる

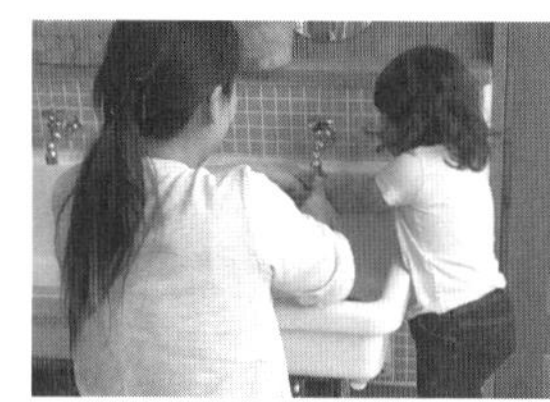

気持ちを切り替え、手を洗うことができた

保育者のかかわりや援助

普段から自己主張することが大切だという思いがあり、子どもが自分の思いを出している姿をあるがままに受け入れるようにしている。1歳児クラスでは、自分自身で気持ちを切り替えることはまだ難しいが、無理には手洗いに向かわずに少し時間をおき、気持ちが落ち着くのを待つ。

子どもが保育者の様子を気にして見ていることを理解しながらも、保育者は必要以上に声をかけず、子どもの気持ちが切り替わる瞬間を見極める。子どもが気持ちを切り替えて、保育者を求めてきたタイミングですぐにかかわれるように、様子を見守っている。

（文責・河村有希）

事例 2

1歳児の保育実践

してあげようか？

▶日吉幼稚園　1歳児クラス（2019年10月）

キーワード　「自己発揮」「自尊心」「他者への気づき」

ズボンをはけなくて イライラ

10月のある日、Mちゃんが、ズボンをうまくはけず、イライラして「んー！」と怒っていた。

「できない」の声に気付いた同じクラスのHちゃんが、そばに行って「どうしたの？」と言うように、ズボンを持って手伝おうとする。Mちゃんも、Hちゃんが手伝ってくれるとイライラもおさまり、助けを借りてズボンをはくことができた。

手伝ってくれたHちゃんに保育者が「はかせてくれて、ありがとう」と声をかけると、笑顔になる。

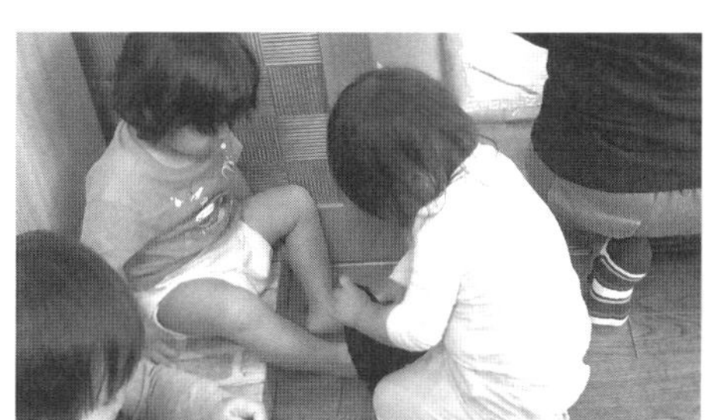

Mちゃんは、イライラがおさまり、Hちゃんの助けを借りてズボンに足を通す

保育者のかかわりや援助

保育者は、「自分でしよう」としてできないMちゃんのいら立ち、友だちの声に気付いて保育者のまねをしようとするHちゃんの思いを受け止めながら、子ども同士のかかわりを見守る。もし、MちゃんがHちゃんの手助けを拒んだら仲裁に入るつもりだったが、MちゃんがHちゃんを受け入れたので、見守りを続けた。

Hちゃんには、普段から友だちのできないことに気付き、手伝おうとする姿がよく見られる。大人のしていることをまねたり、してもらっていることを再現したりすることが楽しい時期だからこそ、Hちゃんの「したい」気持ちを受け入れ、その発達の過程を理解して、子ども同士のかかわりを見守るようにしている。

（文責・河村有希）

保育者は、Mちゃんがズボンをはけるよう、さりげなく援助

事例 3

1歳児の保育実践

おもしろいなあ！ ぐちゃぐちゃやん！

▶日吉幼稚園　1歳児クラス（2019年2月）

キーワード 「好奇心」「探究心」「協同性」

これなんだろう？

ほかのクラスが行事で使うために作った赤い玉が、何個もあった。丸めた新聞紙にお花紙を貼り付けて作ったものだ。これらの玉は、行事が終わり不要になっていた。

そこで、これらの玉を使って、子どもたちの好奇心や探究心を引き出そうと考え、意図的に部屋に置いてみた。

子どもたちは、いくつもの赤い玉を見つけると、さっそく手にして遊びはじめた。触ってみたり破いてみたりしている。さらに中の新聞紙をどんどんと引っ張り出し、あそびがダイナミックになっていった。

赤い玉を破り、新聞紙を引っ張り出す

大きな容器が あそびを発展させる

子どもたちの様子を見た保育者が、大きな容器を置いてみた。すると、容器に新聞紙をたくさん入れたり、容器をひっくり返して新聞紙を外に出したりと、あそびはさらにダイナミックになり、盛り上がった。

大きな容器に新聞紙を入れてみる

ひっくり返すと新聞紙が一気に外へ

保育者のかかわりや援助

保育者が子どもの活動を制限せず、肯定的に見守ることで、子どもたちは自己発揮ができ、あそびが盛り上がっていった。また、保育者が「ただ見守る」だけでなく、推察したり知りたいと思ったりしながら、能動的に見守り、働きかけることで、さらに創造する力や協同性が育っていくと考える。

（文責・田中有美子）

事例 4

1歳児の保育実践

楽しいなあ！ ひも通しあそび

▶小松幼稚園　1歳児クラス（2019年2月）

キーワード　「好奇心」「達成感」「粘り強さ」

新しい「ひも通し」

1歳児クラスでは、ひも通しは人気のあるあそびの1つで、いろいろな形のひも通しを使って遊んできた。

この日は、今まで使っていたホースを切って作ったものや紙で作られたものと違う、カラフルなドーナツ形のひも通しを、子どもたちの前に置いた。見たことのないひも通しに、子どもたちは興味津々。好奇心いっぱいで集まり、ひも通しのあそびが始まった。

子どもたちの中には、ひもを輪に通す要領がなかなか得られず、試行錯誤している子もいれば、寝そべりながらみんなの様子をじっと見ている子もいる。

できたよ～

しばらくすると、何人かの子どもが、たくさんつなぐことができた。そして「できたよ～」と、保育者に見せにくる。

そこで、保育者は「すごいね」「長いね～」「どっちが長いかな？」など声をかけながら共感した。

保育者のかかわりや援助

保育者は、できた喜びに共感して、それを言葉にする。また、「どっちが長いかな？」など意図的に言葉かけを行った。

子どもの行為を保育者が代弁したり、共感することは、子どもが達成感を感じたり、楽しさを感じることにつながる。「どっちが長いかな」など意図的な言葉かけで、自分もやってみよう、もっと長くつなげようなど、粘り強く頑張ろうとする気持ちが芽生えると考えられる。

（文責・田中有美子）

ドーナツ形の新しいひも通しを試行錯誤しながら使う

どっちが長いかな？　長さをくらべっこ

事例 1

2歳児の保育実践

かけっこ ～よーいドン！からの～

▶日吉幼稚園　2歳児クラス（2019年9月）

キーワード　「主体性」「探求心」「憧れ」「好奇心」

できるかな？

9月頃、運動会の前に子どもたちとグラウンドへ出かけた。グラウンドでは、年長さんがかけっこの練習をしていた。

年長さんだ！
かけっこしてる！

その様子を見た子どもたちは、「やってみたい」「おにいちゃん、おねえちゃんみたいに走ってみたい」と言い出した。そこで、スタートの位置に並び、笛を合図に「よーいドン」でかけっこを楽しんだ。

よーいドン！

一方、グラウンドの隅に生えているねこじゃらしを見つけて、遊んでいる子どももいる。かけっこが終わった子どもも、ねこじゃらしがある場所に寄ってきて、一緒に遊んだ。

保育者のかかわりや援助

子どもたちの「やってみたい」と思う気持ちを十分に尊重し、スタートの笛を吹いて、年長さんと同じ経験をさせてあげる。かけっこに興味を示していない子どもがいても無理に声をかけず、そっと見守り、あそびの邪魔はしない。

子どもたちの「やってみたい」という気持ちが憧れにつながり、好奇心も生まれる。保育者の直接的なかかわりは一見少ないように見えるかもしれない。しかし、子どもたちのあそびを止めることなく気持ちに寄り添い、受容し、優しいまなざしで見守ることで、たくさんの興味・関心が生まれ、子どもたちの主体性へとつながる。

（文責・上部清美）

事例 2

2歳児の保育実践

ブロックあそび ～ぼくも一緒にやりたいな～

▶ひじり幼稚園・ひじり保育園　2歳児クラス（2019年5月）

キーワード　「自尊感情（主体性）」「好奇心」

なにして遊んでいるのかな？

2歳児クラスに進級した頃、男の子が井型ブロックをつなげて遊んでいた。

そこへほかの男の子3人がやってきてブロックあそびに参加し、井型ブロックを長くつなげていく。真っ直ぐにはつなげられないほど長くなり、どうすればいいか子どもたちが悩んでいた。

1人の男の子が「こっちにつなげたらいいんじゃない？」と提案する。

僕も一緒にやりたいな

1人だけあそびに入れず、その様子を見守っている子どもがいた。3人の男の子が盛り上がりすぎて入っていけないようだった。

一緒にやりたいな

そこで保育者は、その子どもの気持ちに寄り添い、一緒にあそびを見守った。さらに保育者が一緒にあそびに加わるという直接的なかかわりによって、その子どももあそびに入ることができた。

保育者のかかわりや援助

「長いね」「もっとつなげよう」という子どもたちの会話を聞き、保育者はもっと長くつなげられるように、また子どもたちが主体性を発揮できるようにスペースを広げ、あそびを受容し、子どもの気持ちも受容した。

大人が仕掛けるのではなく、子どもたちの「やってみたい」「こうしたらおもしろい」など豊かな発想をあそびへと発展させるためには、直接的なかかわりのみならず、見守る姿勢が必要である。

（文責・上蔀清美）

「もっと長くつなげたい」という子どもの会話を聞きとり、子どもの気持ちを受容する

事例

3

2歳児の保育実践

あしあと、てん、てん

▶日吉幼稚園　2歳児クラス（2019年6月）

キーワード　「主体性」「好奇心」「探求心」

ん？　なんだ？ あれあれ？

ある雨の日、保育室前のテラスには、雨が入り少し水が溜まっていた。「子どもたちが濡れないように、拭かないと」と思っていると、偶然通りがかったAちゃんが「んっ？　冷たい？」。

足元を見ていたAちゃんは濡れたウッドデッキをゆっくり歩き出した。すると、自分の動きに合わせて「あしあと」が付くことに気付いて、歩くたびに「あしあと」が付くことが、だんだんおもしろくなってきた！

保育者が、濡れたテラスを拭かずにその様子をそっと見守り続けると、Aちゃんの様子に気付いたBちゃんがやってきて、Aちゃんをまねる。Bちゃんも点々と「あしあと」を付けることがおもしろくなってきた。2人は足を濡らして、くり返し「あしあと」を付けている。夢中になって遊ぶ子どもたちの目がとても輝いていた。

溜まった水が足の裏にふれ、その感触を確かめるAちゃん

Bちゃんが加わり、2人であちこち歩いて「あしあと」を付ける

保育者のかかわりや援助

通常であれば、子どもたちに配慮して急いでテラスを拭くところであった。しかし、子どもが「あしあと」に気付く様子を見守ることで、日常の風景の中にも学びの機会がたくさんあることに気付かされる。一歩足を踏み入れた時には「冷たい？」「気持ちいい（悪い）？」と足裏から伝わる温度や心地よさ（悪さ）を体感していたと思うが、そこからすぐに「あしあと」が付くことを発見し、何度もくり返し夢中になって遊ぶ子どもの姿が見られる。またその様子をほかの子どもがまねて、自分もやってみたくなり遊び出す。興味・関心から始まり、主体的に遊び出すこの事例に、配慮ばかりに重きを置いていたことを反省させられた。もしかすると、これまで子どもたちの気づきや学びの機会を奪っていたかもしれない。

そして、普段からのこうした何気ない1コマに子どもたちの好奇心や探求心が潜んでいたかもしれない。

（文責・本島真理子）

事例
4

2歳児の保育実践

セミ、ミーンミーン

▶日吉幼稚園　2歳児クラス（2016年8月）

キーワード　「自発性」「好奇心」「探求心」「考える力」

どこどこ？

夏の暑い日、元気に戸外あそびをしていると、どこからか「ミーンミーン」とセミの鳴き声が聞こえてきた。「あっ？　ミーン？　どこ？　どこかな？」と、セミを探す子どもたち。この頃、子どもたちはセミの存在を知っていたので、すぐに反応したのだ。鳴き声が聞こえるほうに耳を傾けながら、みんなでキョロキョロしていた。しばらくするとAちゃんが「ここにいそうだ」と1本の木を選ぶが、鳴き声だけでセミの姿は見えない。

次にAちゃんは、木製ベンチを運ぶことを思いつく。このベンチは大変重いもので、Aちゃんが運ぼうとする様子を見て、周りの子どもたちもすぐに一緒に運び出した。

そして子どもたちは、交代しながら次々と木製ベンチに上り、木を見上げながら「どこにおる？」「見えへん！」と、鳴き声だけが聞こえるセミを一生懸命探した。

みんなで力を合わせて、重いベンチを木まで運ぶ

ベンチの上に立ち、木の上のほうを見てセミを探す

保育者のかかわりや援助

日頃、子どもたちがなにかに困っていても、保育者がすぐには答えを出さず、「どうしたらいいかな？」と一緒に考えるように心がけている。今回、「なんとしても鳴き声のするセミを見たい」という強い思いを感じたため、手助けをせずに、どのようにしてその思いをつないでいくのかを見守ることにした。

すると、そこには興味・関心が高まり、目を輝かせる子どもたちの姿があった。探究心と好奇心は、ついには「ベンチを動かして使う」というアイデアに結びついた。重いベンチを子どもたちだけで運ぶことには安全面から少々心配があったが、保育者に助けを求めず自分たちで行動する、自発的な姿を見せてくれた。

結局、セミは見つからなかったが、大人の援助がなくとも、なんとかしたいという思いが子どもたちの主体的な行動とアイデアを生み出し、同じ思いを共有する過程の中に様々な学びを見出せた事例となった。

（文責・本島真理子）

事例
5

2歳児の保育実践

あたしが使ってた

▶日吉幼稚園　2歳児クラス（2018年11月）

キーワード　「自己主張」「社会性」「自制心の芽生え」

1つのトングを2人で奪い合う

トングを使って遊んでいたYちゃん。トングを置いて違う場所に遊びに行き、しばらくして戻ってくると、さっきまで自分が使っていたトングを、Nちゃんが使って遊んでいることに気付いた。Yちゃんは「それは、あたしの！」と怒り出した。

Yちゃんは怒りながら「返して！」とNちゃんに訴えるが、Nちゃんも負けずに「Nが使っている～」と怒り出した。

Nちゃんは、トングを離そうとしない。Yちゃんも引き下がらない。言葉だけで終わらずに、ついには、トングの引っ張り合いに発展してしまった。

保育者が2人の思いを聞き出す

保育者は、その様子を見ながら2人との距離を少しずつ縮めていった。奪い合いが激しくなりすぎる前に、2人の思いを聞きに行く。

「どうしたの？」と声をかけてみると、2人ともトングを離すことなく「自分のものだ」と主張する。Nちゃんは、Yちゃんが使っていた事を知らないので、どうしてYちゃんが怒っているのか、わからない様子。そこで、「そうなんだ。Yちゃんは、さっきトングを使っていたんだね。だから、また使いたいんだよね。Nちゃんは、ここにあったから遊んでいるんだね。まだトングで遊びたいんだよね」と思いを受け止め、代弁していく。

そして「じゃあもう1回、お友だちにどうしたいのか言ってみたら？」と思いを伝え合うよう提案すると、Yちゃんは「Yのやし。もう片づける」。Nちゃんは「使い

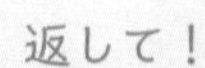

1つのトングを、2人で奪い合う

見守りながら近づいた保育者が、柱に身を寄せ2人に声をかけるタイミングを見計らう

たい」と、双方がなかなか納得できず、しばらく主張のぶつかり合いが続いた。

「Yちゃんは、トングを片づけたい。Nちゃんは使って遊びたい。どうしたらいいかなあ」と尋ねてみる。すると、Nちゃんがトングを Yちゃんに渡すように離した。その後、Yちゃんはトングを片づけ、違う場所へ遊びに行った。

残ったNちゃんに「どうする？　さっきのトング、取りに行く？」と声をかけると頷き、トングを探してきて、また遊び始めた。

保育者のかかわりや援助

普段から、しっかりとお互いの思いを出し合うこと（自己主張）を大切にしており、けんかが始まった時点では、保育者が気付いていても、少し離れた場所で見守るよう、間接的な援助を心がけた。

けがにつながりそうになったら、そばに寄り、どちらが良い悪いではなく、お互いの話を聞いてみるなどの直接的な援助をした。ただし保育者が解決するのではなく、どちらの主張も否定せず、「そうだよね」「どうしようかな」などと思いを受け止めていく。

このような場合、2歳児ではなかなか納得できないことも多いが、とことん時間をかけて寄り添うようにする。

解決を求めるのではなく、2人の思いを受容することが、その後自分たちで問題を解決していく力、折り合いをつけて次に進む力に結びついていく。2歳児は、自己発揮（自己主張）をしていく中で友だちとかかわるようになる。そのかかわりから、少しずつ自己抑制し始めるという両面をもつ。

何度もぶつかり合いを経験することで、相手との距離の取り方がわかってくるので、保育者には、けんかを1つの成長の場として理解する必要がある。

（文責・楠城隆子）

事例 6

2歳児の保育実践

すごいやろー

▶日吉幼稚園　2歳児クラス（2018年12月）

キーワード　「意欲」「探求心」「想像力」「自己主張」「社会性」「自尊感情」「主体性」

水たまりの丸太で遊ぼう！

寒さが厳しい冬、園庭の水たまりにある丸太を見つけたH君が丸太の上にのる。それに気付いたYちゃんが「なにしてるの？」と様子を見ていた。

Yちゃんの見ている中、H君はジャンプして水たまりを跳び越える。跳び越えた水たまりを振り返り、「見た？　すごいやろ」と自信たっぷりの顔。

見た？
すごいやろ

そばにいたYちゃんも「あたしもしたい」と交代してジャンプした。すると、ほかの子たちも集まり「跳びたい」という。「順番な！」「Y君が跳んだらNちゃんな」と自分たちで簡単なルールを決めて、遊んでいた。

保育者のかかわりや援助

少し難しいことや大人には危ないと思えることでも、子どもがしようとする行動を受け入れるよう心がけていた。この事例でも、子どもたちが考えたあそびを見守り、あそびが終わってから「おもしろいことをしていたね！」と声をかけた。

冬に水たまりに落ちたら「寒いし風邪をひくかも」と活動を止めていたら、子どもの意欲や挑戦したい思いを奪ってしまう。今回はできた喜びを味わい、友だちが加わることで順番などのルールを決めて遊ぶことができた。もし水たまりに落ちたとしても、水の冷たさを知るなど、異なる学びがあっただろう。

保育者があそびを受容することで、自らあそびを見つけることの楽しさを子どもが味わえるように思う。

（文責・楠城隆子）

第4章

非認知的能力を育てる保育実践

歳児

3〜4歳児の非認知的能力を育てる………36

3歳児の保育実践

事例1　お庭で見つけた宝物 〜広がっていく活動の中で〜
（金田幼稚園）………40

事例2　4月の姿（金田幼稚園）………43

事例3　「おすしやさん」に招待してもらったよ!
（せんりひじり幼稚園・ひじりにじいろ保育園）………44

4歳児の保育実践

事例1　けんか 〜自由あそびの1場面より〜
（御幸幼稚園・さくらんぼ保育園）………45

事例2　ブドウを守らなきゃ（光の園幼稚園）………46

事例3　みんなでドミノを倒すには?（光の園幼稚園）………47

事例4　みんなに楽しんでもらいたい（光の園幼稚園）………48

3〜4歳児の非認知的能力を育てる

3歳児の実践から

「やりたい」気持ちで いっぱいの子どもたち

この時期の子どもは、自己中心性が強く、様々な物やほかの子どもへの関心が高まる時期です。おもしろいことをすぐに察知してやってみたくなるこの時期には、大好きなあそびを、大好きな友だちと思い切り楽しめるように援助します。

保育者は、「やりたい」という勢いに押されながらも、時間と場所を確保しなければなりません。また、困った時には保育者が解決するのではなく、子どもの力を借りることも必要です。課題を与えるのではなく、子どもたちの中から出てきた思いや声をどれだけ保育者が受け止め、耳を傾けるかが、3歳児のこだわる気持ちを発展させることにつながります。

このような援助によって、「自尊感情」「自己効力感」「ほかの子どもへの気付きや関心」といった非認知的能力が育っていきます。

「興味・関心」への満足感を 保障する援助

事例1（40〜42ページ）では、「石集め」にスポットを当て、1年間かけてその展開を見守っています。保育者とのやり取りが軸となりますが、自分のやりたいあそびを通して、友だちとのかかわりが増えました。

大切なのは、見えてきた「興味・関心」への満足感を、一人ひとりにどのように保障していくかです。保育者は、子どもたちの「想像力」豊かな言葉を受け止め、お気に入りの石を入れるケースを用意するなど、子どもの心の動きや行動に応じて必要なものを用意したり、手の届くところに置いたりします。これは、「子どもの活動に見通しをもって環境構成を考える」という保育者の専門性の1つです。また、石の重さの違いに気付いた子どもがいた時には、もっと知りたい、見たいと思える次の環境を用意しています。こうした環境構成によって、子どもは次への「意欲・満足感」を得るのです。

子ども同士の距離が近づくと、お互いの存在に「興味・関心」が出てきます。同じことで喜んだり驚いたりする「共感・響き合う姿」が見られることも徐々に増えます。ただし、3歳児では「みんなで一緒に」と焦る必要はありません。まずは「自分の思いを出せること」が大前提です。そのために、次のような援助が必要です。

①安心・安定の生活を保障する。
②自分のやりたいことにじっくりと向かい合える時間を確保する。
③やりたいあそびを自分で選べる。
④子どもの思いを否定しない。
⑤子どもが思わずやってみたくなるような環境を構成する。

⑤は、子どもの姿からイメージできるようにしたいものです。それには子どもの育

ちを読み取るトレーニングが必要です。

気持ちの伝え方を育てるための援助

事例2（43ページ）では、進級した子、集団生活が初めての子、転入した子など、様々な生活環境の子どもを迎え入れる様子が紹介されています。ほかの子に関心はあるものの、言葉を交わすなどのコミュニケーションはまだなく、自分の気持ちをどう伝えればよいのかわからない姿がありました。

保育者は、ほかの子どもの存在に気付いたり、関心を抱いたりする姿を肯定的にとらえ、伝えたい気持ちを大切に育てたいと考えています。ここでの援助のポイントは、次の2点です。

①安全面に注意しつつ、目の前の子どもの行動やしぐさを観察しながら、発信される思いを探る。

②危険を感じた時やトラブルになった時にそっと駆け寄り、「やめてほしい時はどう言うの？」「なんで怒っているの？」「嫌だったね」など、そのつどお互いの思いを引き出し代弁していく。

上記のような援助をくり返す中で、自分の思いを受け止めてくれるという安心感が生まれ、相手の気持ちを思いやる心が育っていきます。それまで家庭や集団の中で経験してきたことが心の成長の糧となり、これからの経験や葛藤が「自己肯定感」「思いやり」「自制心」などの非認知的能力を育んでいきます。

失敗からの学びを促す援助

子どもが自ら考え決める機会は、「自己肯定感」「自己効力感」などの非認知的能力を育てる上で大切な経験となります。事例3（44ページ）では、3歳児が5歳児の「おすし屋さん」に招待され、おもてなしを受けます。その後、適度な緊張感とともに「招待された喜び・期待感」「5歳児の優しさ・気づかい・思いやり」を感じ、それが「憧れ」の気持ちへとつながっていきました。さらに、目にしたものに「興味・関心・好奇心」が生まれ、「やる気・意欲」に突き動かされていきます。みんなでおすしを作る時には、「創意工夫」「試行錯誤」「協働性」「思考力」が育っています。ここでの援助のポイントは、次の2点です。

①保育者が先回りせずに見守る。

②あえて失敗させる。

失敗することで「気付くこと・知ること」が可能になり、それを乗り越えるための「目的に向けた友だちとの協力」「主体性の芽生え」が見られ始めます。

そして、できあがっても、「うまくできた！」で終わらないのが3歳児です。「友だちといることの心地よさ」を感じてくれたなら、この活動のねらいは達成されたと言えるでしょう。

4歳児の実践から

「個」の活動から集団へ

4歳児は、それまでの安心・安定した場所や物にとことん向き合う「個」の活動から、集団の中で友だちを意識し始めるようになります。

大人を介して他者に気持ちを伝えることが多かった段階から少しずつ成長する過程で、思いをうまく言葉にできないもどかしさと葛藤する姿や、周囲がそれに気付いて自ら進んでかかわりをもとうとする姿が出てきます。

仲間意識が芽生えていく一方で、友だちとの関係がうまくいかない場面も経験します。「個」でのあそびでは問題なかったことも、友だちと関係をもつことで問題になることを知り、様々な問題と向き合う経験をするのです。その経験を通じて仲間の存在を知り、他者を意識することで、非認知的能力が育っていきます。

進級からの1年を通して、「思いやり」「問題解決の芽生え」「意欲」「協同性」といった姿が見られるようになります。

4歳児前半の保育者の援助

4歳児前半では、次のような保育者のかかわりが求められます。

①対話的で豊かな経験ができるような環境を準備する。
②子ども同士の相互作用を促す。
③子どもに寄り添った活動内容を考える。
④気持ちを認め合い共感的にかかわる。

事例1（45ページ）では、問題を自分の言葉で解決しようとする様子が紹介されています。

困っている友だちに気付いて助けようとする子どもは、自分の力を信じて他者とかかわろうとしています。これは「自尊感情」の育ちがあるからこその「他者尊重」です。さらには、友だちの思いを代弁する姿に「思いやり」の育ちも見られます。

事例2（46ページ）では、カラスに荒らされたブドウをそのままの状態で子どもに見せることで、まず、なにができるかを子どもたちが考えられるようなきっかけをつくりました。これにより子どもたち自身が状況を判断し、意欲的に工夫するようになります。

また、保育者が子どもたちの要求に応えるサポート役になることで、想像性や見通しをもって活動を進められるようになっていきます。

4歳児後半の保育者の援助

4歳児後半では、1つのことに向かって集中して取り組めるようになっています。

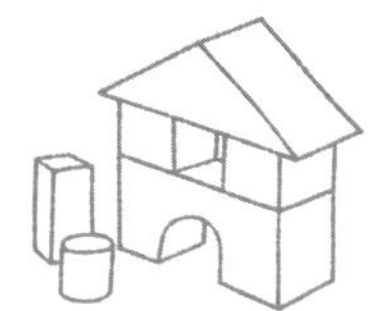

その中で「目的意識の共有」や「協同性」「意欲・期待」「意見の調整」「問題解決能力」など、友だち同士で話し合う力も伸びています。この時期の保育者の役割には次のようなものがあります。

①子どもの姿に応じて臨機応変に時間や環境を整える。

②話し合いのきっかけをつくる。

③子どもたちが必要とすることに応えていき、共感しながら雰囲気をつくる。

事例3（47ページ）では、積み木で遊ぶための時間や場所の制限をなくすことで子どもたちのイメージが広がり、思いを尊重し合うことから目的意識が共有されました。また、問題について考えることで、それが個人の問題ではなく、クラスみんなの問題として解決していこうとします。

事例4（48ページ）では、子どもが自分の思いを、ためらわずに他者に伝える姿を紹介しています。しかし、時にはぶつかり合う場面もあります。そういった時に保育者は、子どもたちが行き詰ったところを的確にとらえて、わかりやすく話を整理して伝えています。

また、話し合いの内容や決まったことを表示することで役割がわかり、自ら動いて思いを言葉やお芝居で表現しやすいようにし、さらなる意欲につなげています。目的に向かって友だちと力を合わせることや、他者の意見を聞きながら自ら進んで活動に取り組んでいくことは、「目的に向かう情熱・意欲」が生まれてきていることの現れです。かなりの自制心が育っていることもわかります。

こうした経験が自信につながり、異年齢とのかかわり方に変化が出てきます。自ら年下の友だちとのかかわりをもつ姿、保護者への感謝の気持ちを素直に伝える姿が見られるようになってきました。

子どもの学びと保育者の学び

4歳児は、友だちとの葛藤や物事がイメージ通りに行かないことに苛立つ姿、5歳児に刺激を受け、なんでも見たまま同じようにやってみようとする行動的な姿など、「わちゃわちゃした」印象の時期です。

しかし、共感的な雰囲気の中で、子ども同士・子どもと物・子どもとその周辺で起こっている事柄を丁寧につないで、相互作用を促すかかわりをしていくと、多くの非認知的能力の育ちが見られるようになります。その育ちと反比例するように、保育者の介入の必要性が減ってくるのです。自尊心や思いやりの気持ちが育ってきた子どもたちを信じ委ねることも、保育者の専門性と言えるでしょう。

事例
1

3歳児の保育実践

お庭で見つけた宝物 ～広がっていく活動の中で～

▶金田幼稚園　3歳児クラス（2018年4月～2019年3月）

キーワード「興味・関心」「安心感」「満足感」「想像力」「探究心」「協同性」

4月 小石、いっぱい見つけた

一人ひとりが自分のあそびを楽しんでいるこの時期、園庭で見つけた小石を大事そうに握りしめ、ハンカチに包んでいる子がいた。「持って帰っていい？」と、うれしそうにかばんに入れていた。

5～6月 石や葉っぱもいっぱい

徐々に友だちとのかかわりが増え、園庭の遊具や砂場で遊んだり、虫探しなどをしながら、石や葉っぱを集めては靴箱の隅に忍ばせている子どもがいた。「容器に入れてみたら？」と提案すると、砂場のコップを取りに行き、コップからあふれるほどいっぱい拾っていた。

7月 なにに見えるかな

いろいろな形や色の石を見ていた子どもたち。少しとがっている石について、「鳥さんの口ばしみたい」「剣みたい」「お魚にも見えるよ」と話し始めた。そこで担任は、一人ひとりがお気に入りの石を置けるケースを用意した。

8月 缶に石を入れて振ってみたら

フタ付きの缶に石を入れて振ってみると大きな音がしてびっくり！　そしてフタを開けてさらにびっくり！　もわっと出てきた白い煙に、みんな一瞬、目が点になったが、「わぁ～、なんか出てきた」と大騒ぎ。

缶の中に砂が入っていたことに気付き、「なんでだろう？」と考えた。「だれかが砂

入れたんとちゃう？」「石に砂がついてたんとちゃう？」という意見が出た。

9月
みんなでつなげよう

担任が、小びんやラップ、トイレットペーパーの芯を保育室に置いておくと、そこに石を詰め込むあそびが始まった。石が落ちる様子や音がおもしろく、くり返し楽しんでいた。

そこで担任は、ラップの芯を1つ壁に貼っておいた。すると、すぐに子どもたちが集まって、ほかの芯をつなぎ出した。「ここでいいんとちゃう？」「わぁ、外れた〜」「持っとくからテープ切って〜」など、友だちと協力して芯をつなげる姿が見られた。

10月
石の重さを比べてみたら

担任は、集めた石の中に軽石があるのに気付いた。そこで「白い石と黒い石、どっちが重いでしょうか？」と子どもに尋ねた。

「白い石のほうが大きいから、白い石！」「どっちだろう？」と言いながら量ってみると、黒い石のほうが重く、大きさだけで重さが判断できないことを知った。

11月
石に顔を描いて「ぬりかべ〜」

Aくんが、ブロックの破片を持ってきた。それを見たBくんが、「これ（妖怪の）ぬりかべや〜」と大興奮。Bくんが「顔を描いてもいい？」と聞くが、Aくんの大事な石なので描かせてもらえない。

そこでBくんは、自分が集めてきた石の中から、いい感じの石を探して顔を描いて大満足。このミニぬりかべの誕生をきっかけに、石に顔を描く子どもが増えた。

12月
マラカスを作って音を発表

8月の活動で、容器の大きさや素材、中に入れる石の大きさや数の違いで音が変化することに気付いていたので、「1人1個ずつ作れば、17人17通りの音ができておもしろいのではないか」「曲に合わせて鳴らす楽しさを感じるのではないか」「発表会の合奏にもつながるのではないか」などのねらいもあり、マラカスを作ることにした。できあがったものを1人ずつ発表してもらうと、その間、静かに一人ひとりの音に耳を傾けて、音の違いを確認できた。

1〜3月 誕生日ケーキをどう作る？

生活発表会の劇で使う誕生日ケーキについて話し合う中で、「お店屋さんごっこの時に作った、色を塗った石のチョコをのせたら？」という意見が出た。「それめっちゃいいやん」と目を輝かせる子どもたち。

「僕を見て」「私の話を聞いて」という言葉が目立つ1学期に比べ、成長を感じる場面だった。日々の話し合いや振り返りを積み重ねてきたことで、やり取りができるようになっていたのだ。

2月には個々のつぶやきを拾って、指輪を作った。3月には個々の家での経験をもとに、ひなあられ作りにあそびが広がっていった。

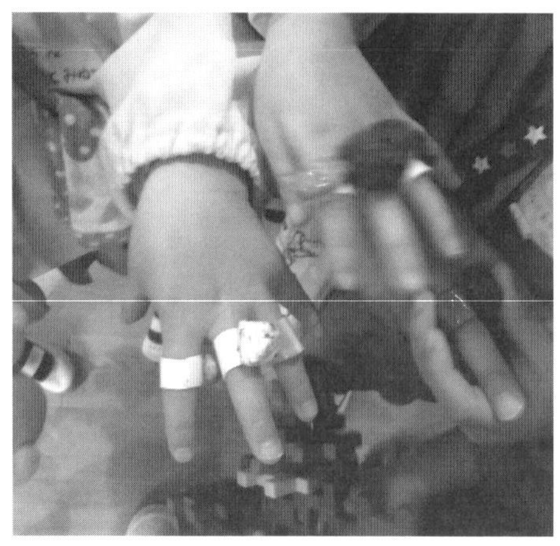

保育者のかかわりや援助

保育者は次のようにかかわり、援助していった。

- 一人ひとりの満足感を保障する。
- 丁寧にかかわる。
- 保育に見通しをもつ。
- 子どもの思いをうまく引き出し、子どもの姿に合わせて無理をさせず、思いに寄り添う。
- 子どもの思いを否定しない。
- 子どもが思わずしたくなるような環境を構成する。
- 子どもの相互作用の中で環境を再構成する。

（文責・永谷綾）

事例 2

3歳児の保育実践

4月の姿

▶金田幼稚園　3歳児クラス（2017年4月）

キーワード　「他児への興味」「思いやり」

ただ、そこを通りたいだけ

4月初め、A君が三輪車に乗り、砂場で遊んでいる子どもたちの間をなにも言わずに通ろうとして、ゴンゴンとぶつかった。砂場の子どもたちは、あそびに夢中で、初めのうちは「やめて」と言うくらいで、嫌な顔もせずあそびを続けていた。

別の日にA君は、三輪車に乗って女の子の後ろをついて回っていた。「やめて～。ついてこんといて～」と女の子は怒る。A君はついて行くつもりではなく、ただそこを通りたいだけだった。

痛いの、痛いの、飛んでいけ～

おもちゃ入れに頭をぶつけたBちゃんが、泣きながら氷で頭を冷やしていた。クマのぬいぐるみを持ったCちゃんが「まだ泣いてる。かわいそう」と思ったのか、ぬいぐるみを揺らしながら「クマさんですよ。泣かないで。痛いの、痛いの、飛んでいけ～」と歌い出した。Bちゃんは泣き止み、笑顔になり、最後には2人で笑い合って遊んだ。

保育者のかかわりや援助

「ただ、そこを通りたいだけ」の事例のA君は、ほかにも同じようなことをくり返していたので、自分の存在に気付いてもらいたいという思いがあるのだろうと考えた。そこで、行動やしぐさを観察しながらA君の思いを探り、危険やトラブルを察知した時には駆け寄り、そのつど互いの思いを代弁していった。

「痛いの、痛いの、飛んでいけ～」の事例のCちゃんは以前、別の保育園に通っていた。そこでは常に保育者と手をつなぎ、抱っこされていたそうで、転入当初もクマのぬいぐるみを持って1人で遊び、飽きると保育者のそばで過ごしていた。

そんなCちゃんが、自分から他者の痛みに気付き共感し、今まで優しくしてもらったことや保育者のそばで同様のやり取りを見てきた経験から、ぬいぐるみを通じて泣いている子を励ますことができるようになっていた。

（文責・永谷綾）

事例 3

3歳児の保育実践

「おすしやさん」に招待してもらったよ!

▶せんりひじり幼稚園・ひじりにじいろ保育園　3歳児クラス（2017年12月）

キーワード 「主体性」「自発性」「想像力」「創造性」「協調性」「行動力」「観察力」

年長さんみたいにやってみたい！

PTA主催のお祭りで保護者が様々なお店を出店。その様子を見てやる気になったふじ組（年長）の子どもたちが、「回転すしやさん」をするらしい。となりの組の年少児は、招待されるのを心待ちにしていた。

いよいよお客さんとして案内してもらった年少児。憧れの年長児の優しさをしっかり感じ、自分のクラスへ帰ってくると、さっそく順番を待つための椅子を並べだした。「次はおすしを作ろう！」。そこには、モデルを見てやる気、意欲に突き動かされる3歳児の姿があった。

おすしを作りたい！

「これはどうやって作るの？」「あれも作りたい！」。チラシや写真を見ながらマグロ、エビ、たまごなど、次々とお皿にのせていく。困ったら自分たちでどうすればよいか考え、何度もふじ組へ行く姿があった。

うまく回らないけどおもしろいね

おすしと回転レーンができ、実際に中に入ってみたら、ぎゅうぎゅう詰めで回すどころではない。「きつい～」「動けない～」「これじゃ回せないね～」とみんなで大笑い。少し前ならけんかになるところだが、友だちとのにぎわいを楽しむ姿があった。

保育者のかかわりや援助

普段からおもしろいことがあると、すぐに察知して「やってみたい！」と言う子どもたち。担任は、子どもたちから次々に湧いてくる意欲になんとか応えようと、その勢いに押されながらも受け止め、時間と場所を確保し、見守る。そして、時には年長児の力を借りる。与えられた課題ではなく、子どもたちの中から出てきた思いや声をどれだけ保育者が受け止め、耳を傾けられているかが、3歳児のこだわる気持ちを大切にすることにつながるのではないだろうか。

（文責・小野寺敦子）

事例

4歳児の保育実践

けんか ～自由あそびの1場面より～

▶御幸幼稚園・さくらんぼ保育園　4歳児クラス（2017年6月）

キーワード　「思いやり」「仲間意識」

積み木の汽車がせっかくできたのに

Yちゃんが積み木で汽車を作っていた。ところが、隣で遊んでいたK君の手が当たってその汽車が壊れてしまった。Kくんはわざとではなかったが、それを伝えられず困っている。

周囲の子どもたちがYちゃんの様子がおかしいことに気付く。保育者が状況を確認しようとすると、Yちゃんが泣き出した。その時M君が、「僕、見てたから教えてあげる」と言って、Kくんの手が汽車に当たって壊れたことを伝えてくれた。

助け舟を出し汽車を作り直す

さらに、「僕も見てたよ」「わざとじゃないねん」「遊んでいたら、手が当たっただけやねん」と、周囲の友だちがKくんの気持ちを代弁した。さらに積み木を使って、その時の状況を説明した。

それでも納得がいかないYちゃんの様子を見て、「よし、みんなで作り直そう！」とみんなで壊れた積み木を元に戻し始めた。それを見たK君が「ごめんね、わざとじゃなかってん。僕も手伝う」と言って一緒に作り出した。Yちゃんの気持ちが治まるまで少し時間が必要であったが、仲間意識の芽生えや友だちへの思いやりが見られた。

保育者のかかわりや援助

保育者がすべての出来事に介入するのではなく、子ども同士のかかわりの中で、子どもたち自身が見ていたことを、子どもたちの言葉で、互いを気遣いながら解決していく様子を見守った。それによりコミュニケーションの取り方や、かかわり方を学び育っていく姿が見られた。

Yちゃんは、修復してもらった汽車を使って、Kくんを含む周囲の友だちと楽しんで遊んでいた。またKくんも、友だちの力を借りて自分の言葉で話したことが自信につながり、時間はかかるが自分の気持ちを相手に伝えるようになった。

（文責・原田実香）

事例 2

4歳児の保育実践

ブドウを守らなきゃ

▶光の園幼稚園　4歳児クラス（2017年9月）

キーワード　「想像性」「イメージの共有」「見通す力」「協同性」「実行力」「問題解決能力の芽生え」

ブドウが大変なことになっている

園で植えたブドウが実を付け、「食べよう」と言っていたその日の朝、ブドウ棚の周辺が荒らされていた。あえて片づけをせず、その状況を見てどう思うのか各クラスで話し合う機会を設けた。

ばら組では「いっぱい落ちてた」「カラスが悪い」「カラスから見えないようにする」などの意見が出て、「かかしで守ろう」「前、大きい組さんがやっとった」ということになった。

早くかかしを作ろう

翌朝、登園するやいなや数名の女児がかかし作りに取りかかった。「服はなにがいいやろう？」などと話し合いながら、自分たちで必要と考えたものを「棒と箱と体操服、貸してください」と担任に出してもらい、急いで作り始めた。椅子の穴に1本の棒を差し込んで土台にして、棒に体操服を着せようとするが、するりと落ちてしまいうまくいかない。

そこで、腕になるものが必要なことに気付き、別の棒を用意したが、2本の棒をひもで十字にくくり付けるのは何度やっても難しく、担任の手を借りて行った。土台ができあがると、手分けして体操服やスモックを着せ、最後にかごのような菓子箱を「本物食べられたら困るから（ブドウを）紙で作って入れとこう」と持たせた。

保育者のかかわりや援助

保育者は、子どもたちがありのままの状況を見ることで、自分たちになにができるかを考えるきっかけをつくった。話し合いでは、子どもたちが具体的に考えられるように問いかけ、決定は子どもたちに委ねた。そうしたことが、行動する意欲や工夫していこうとする姿につながったように感じる。

実行に移す段階でも、子どもからの要求に応えるサポーターとして保育者は一歩引き、子どもたちが意見を出し合い、イメージを共有し、実現していく満足感が味わえるよう見守ることを心がけた。

子どもたちは、自分でものごとを進めるおもしろさを実感したようだ。そのため、その後の活動でも、必要なものを保育者に伝えて準備してもらい、自由あそびでお店屋さんを開き、2歳児や3歳児を招待しておもてなしをする姿が見られた。

（文責・小池聖子）

事例

4歳児の保育実践

みんなでドミノを倒すには?

▶光の園幼稚園　4歳児クラス（2019年2月）

キーワード 「こだわりの尊重」「目的意識の共有」「調整力」「協同性」「問題解決能力の芽生え」

あっ、つながった！

ある朝、突然ドミノ作りが始まった。初めは2人ぐらいで作っていたが、それぞれの作るものが大きくなるうちに、「あっ、つながった」とうれしくなり、「長くつなげたい」「一気に倒したい」という気持ちが自然と共有された。ほかの子どもも次々と加わって、長くなると何度か倒れたが、トラブルにはならず、すぐに修復していた。

修理、修理♪

ほかのクラスに「すごいねん、見に来て」と呼びかける子どもも出てきた。人が集まり見守る中、再び3分の1ほどが崩れたが、見に来た子どもたちも一緒に修復し、ドミノは無事に複数箇所からスタートした。次々倒れるドミノに拍手が沸き起こった。

私も押したかった

ある日のドミノあそびで、だれかがあちこちからスタートさせてしまい、Kちゃんがスタートさせられずに泣き出した。担任が「みんなが勝手にドミノを倒したことが、Kちゃんは嫌だったんだって。どうしたらいいと思う？」と切り出した。「(ドミノを)押す人、1人決めたら？」「でもみんな押したいやん」と考える中、「みんなで1列になって1番後ろの人が前の人を指で押して、その人はそのまた前の人を押して、1番前の人が積み木を押したらいい」という『大きなかぶ』のような方法を考え出した。

保育者のかかわりや援助

あそびに夢中になれるよう、臨機応変に時間や場所の制限をなくすことで、子ども同士が互いのこだわりを尊重する姿が見られた。互いを認め合う雰囲気があったから、自然と目的意識が共有され、ほかの子をあそびに誘う姿も見られたのではないだろうか。また、1人の問題をみんなの問題として考えるきっかけをつくり、子どもたち自身が納得できる方法を考え出すことができた。

（文責・小池聖子）

事例
4

4歳児のドキュメンテーション

みんなに楽しんでもらいたい

▶光の園幼稚園　4歳児クラス（2017年3月）

キーワード 「興味」「好奇心」「意欲、自発性」「役割分担」「客観性」「満足感」「状況判断」

クイズとおしばいごっこをやりたい！

「お誕生日会でなにかしたいことある？」と保育者が問いかけた。すると、ほかのクラスがやっていたお芝居やクイズをやりたいという声があがった。「じゃあ、全部のクラスのお芝居ごっこを、クイズにしてやろう」「そしたら道具もいるやん」と早速ほかのクラスに借りに行くことになった。

ほかのクラスのお芝居を思い出し、どう進めるかを話し合った。「○○組の××のところ」「そしたら、□役と△役がいる」など、子どもたちのアイデアは尽きない。また、自分の演じたい役割を考えながらも、自分の思いだけでは成り立たないことも理解するようになってきた。

出番は、1人2回にしたら？

1回、やってみよう

演じ手と観客の役割を分担し、試してみた。場面ごとに「これやったら、わからへん」「紙、反対やった」など、様々な指摘があり、ほかのクラスに楽しんでもらうという目標に向けて、わかりにくい部分の解決策を考えている。また、何度も試みることで、本番に向け意欲が高まっていった。

こうしたら、見えやすい！

当日、ドキドキする気持ちや早く見せたいという気持ちが高まり、本番では、考えてきたことを生き生きと表現していた。観客の満足そうな様子に、子どもたちも喜び、満足感を味わうことができた。

保育者のかかわりや援助

これまで様々なことを子どもたちと一緒に考えてきたので、自分の思いを躊躇せずに伝えられるようになっていた。保育者は、行き詰まった時にわかりやすいように話を整理した。また、思いを言葉やお芝居で表現しやすいような雰囲気づくりも心がけた。子どもたちが自ら気付き、行動しようとするこの時期は、保護者の介入の必要性がぐっと減ってくるように思われる。

（文責・小池聖子）

第5章

非認知的能力を育てる保育実践

歳児

5歳児の非認知的能力を育てる………50

5歳児の保育実践

事例1　ドッチボール大会しませんか?
（せんりひじり幼稚園・ひじりにじいろ保育園）………52

事例2　スーパーボールが浮かない
（せんりひじり幼稚園・ひじりにじいろ保育園）………54

事例3　もっと怖くしたい「くらやみのろいべや」
（せんりひじり幼稚園・ひじりにじいろ保育園）………56

事例4　最後の日は「幼稚園に泊まりたい」
（せんりひじり幼稚園・ひじりにじいろ保育園）………58

事例5　こんな季節にガ!!　なんでバタバタしてるんやろ?
（なわて幼稚園）………60

事例6　宇宙ってどんなところ?（豊中みどり幼稚園）………61

事例7　みんなで力を合わせよう!（豊中みどり幼稚園）………62

事例8　天国でも元気でね ～ザリガニの飼育を通して～
（ひじり幼稚園）………63

事例9　鬼ごっこから（日常の話し合い）（ひじり幼稚園）………64

事例10　ナスビが食べられた!
（せんりひじり幼稚園・ひじりにじいろ保育園）………65

事例11　命を感じる ～ウサギの「ラムくん」のお世話を通して～
（せんりひじり幼稚園・ひじりにじいろ保育園）………66

5歳児の非認知的能力を育てる

生き物とのかかわりで育つ力

5歳児では、園生活の身の回りで起こったことを自分たちの問題としてとらえ、話し合って自分たちで解決しようとする姿が見られます。生き物とのかかわりでは、生態を調べたり、様子を観察したりしながら、自分本位ではなく生き物の身になって思いを寄せ、かかわり方を試行錯誤しています。

事例5（60ページ）では、虫を観察して調べたり、友だちと相談したりしながら虫とのかかわりを探っています。事例８（63ページ）では、名前をつけて可愛がっていたザリガニが死んでしまった悲しみを友だちと共有しながら、ザリガニを丁寧に埋葬することで、命の大切さを感じ取っている様子がわかります。

事例11（66ページ）からは、ウサギの心臓の鼓動や体重、温かさから命を感じ、生き物の世話をする責任の重さも感じ取っています。生き物に関する知識も増え、実際に生き物の世話をする経験を通して、どうかかわったらよいかを生き物の様子を観察しながら考えています。

事例10（65ページ）では、ナスがかじられた跡からカラスの習性を推測し、対策を話し合っています。かかしを作り、カラスから作物を守ることができた経験から、友だちと協力して問題解決したことの達成感を得ています。

このように５歳児の事例に生き物の事例が多いのは、５歳未満の子どもでは予測が難しい生き物に対しても、相手の身になって考え、調整しながらかかわる力が育ってきているからでしょう。さらに、生き物の習性を図鑑などで調べる「情報収集力」、どのように対策をすればよいかを考える「問題解決力」、みんなの問題として相談して決めていく「協働性」などが育ってきていることも考えられます。

このような生き物の事例では、次のような援助がポイントになります。

①生活の中で、虫や小動物、植物などの生き物とかかわる機会を大切にする。

②子どもが感じている思いに共感したり受け止めたりしながら、その先の活動を見通し、生き物の命をどのように扱うかという思いやりや学びにつながる活動を支援していく。

プロジェクト活動で育つ力

事例７（62ページ）や事例９（64ページ）からは、子どもたちがじっくり話し合って、折り合いをつけて解決しようとする姿が見られます。

事例２（54～55ページ）や事例３（56～57ページ）、事例６（61ページ）では、クラスで運営するプロジェクト活動の中で、次々出てくる不具合や失敗をどのようにしたら解決できるかを友だちと話し合い、諦めないで乗り越えていく姿が見られます。

主体的な活動の中で試行錯誤しながら問題を解決し、企画運営し、さらによいものを作ろろうとする「向上心」などの非認知的能力が育っています。

事例１（52〜53ページ）や事例４（58〜59ページ）では、子ども発信で活動が始まっています。自分たちのやりたい活動に向けて、なにが必要でなにを作ったらよいかを話し合いながら決め、見通しをもって進めていく姿が見られます。

これらの事例のように、主体的に活動していけるようにするためには、次のような援助のポイントがあります。

①あそびや日常の園生活の中で起こったことを、子どもの学びや育ちのチャンスととらえる。
②子どもたちの話し合いを根気よく見守る。
③話し合いの最初には、保育者がファシリテーターとなり、話し合いのゴールをイメージしながら交通整理のように子どもの意見を引き出し、整理していく。
④先回りをせずに肯定的に見守り、子どもから提案や要求が出るのを待つ。
⑤子どもの思いを受け止め、活動の先を見通した上で、自発的に進めていく姿を見守り、必要に応じて助言したり教材を準備したり時間を調整したりする。
⑥活動の過程をドキュメンテーションなどにまとめ、掲示することで、子どもの育ちを保護者と共有する。

幼児期の終わりの育ちに寄り添う

事例４（58〜59ページ）では、計画から準備を自分たちで話し合って決め、そして実行している姿から、まさに幼児期の終わりである5歳児の育ちが見られます。「主体性」「企画力」「リーダーシップ」「見通し」「実行力」「問題解決力」「協働性」などの非認知的能力が育ってきているのです。

それと同時に、具体的に地図を書いてどこを通るか可視化しながら共有しているところや、水の量を計量カップで示し「どれぐらい」を共有するところなどは、認知的能力も育ちつつあるといえます。

保育者は、毎日、目の前の子どもの思いに寄り添いながら保育をしていますが、時には俯瞰して、非認知的能力などの育ちを検証することで、子どもが育とうとする行き先を見ることができるでしょう。そうすることで、行き先に向かって今育ちつつある子どもの姿を、肯定的に見守っていけるようになります。

また、子どもは、大人が思いつかないような発想をしたり、寄り道のようなおもしろい活動をしたりします。保育者は、それを共に楽しめるような、心や思考の柔軟性をもつことも大切です。

事例 1

5歳児のドキュメンテーション

ドッチボール大会しませんか？

▶せんりひじり幼稚園・ひじりにじいろ保育園　5歳児クラス（2017年2月）

キーワード 「主体性」「挑戦」「企画力」「見通し」「協同性」「実行力」

開催してよいか ほかのクラスに聞いてみる

リレーをしても縄取りをしても、ずっと学年で1番を勝ち取ってきたれんげ組。2月のメチャビー大会でも当然勝てると信じていたが、試合終了の笛が鳴った時、負けたことが信じられなくて呆然とする子や泣き崩れる子が出た。

え？　負けるなんて
信じられない

ショックを受けて悔しくてたまらない子どもたちが言い出したのは、「もう1回やりたい」「今度はドッチボール大会をやりたい」だった。

そして、ドッチボール大会を自分たちで開催したいのでやってよいかどうか、ほかのクラスに聞いてみることに。スケジュールカレンダーを作り、ほかのクラスに、都合のよい日に○を記入してもらい、すべてのクラスの○がついた日を、ドッチボール大会の日に決めた。

ドッチボール大会
しませんか？

対戦表やトロフィーも 自分たちで作る

そして、どのような組み合わせで対戦するかを話し合い、対戦表を自分たちで作成した。準備運動も、動かす部位を考えて「腕をしっかり回そう」など話し合って決めた。

何組対何組からやる？

また、メチャビー大会のように表彰式もしたいからと、3位までのトロフィーをペットボトルなどで作った。

役割を分担し司会進行もできた

ルールを決め、役割も分担し、司会進行も自分たちで進めていった。「首から上に当たったらセーフです」「外の人が当てたら中に入れます」「笛が鳴ったら終わりです」。

ルールの説明をします

ただし、審判は難しいので先生たちにやってもらうことにした。

こうして準備から運営までやってのけたれんげ組が優勝し、子どもたちは大満足した様子だった。

保育者のかかわりや援助

負けた悔しさから始まったドッチボール大会。今まで、なにか困ったことがあるといつも話し合って、その解決策をみんなで考えてきた。「このままで終わりたくない」という気持ちから次へのチャレンジが生まれてくるのは、5歳児の終わりならではの姿である。

自分たちで、「話し合う」「見通す」「作る」「運営する」をすべて主体的にできるのは、今までの様々な行事や日常生活の経験の積み重ねであり、幼児期の終わりにふさわしい育ちが見られる。保育者は、子どもの思いを受け止め、活動の先を見通した上で、自分たちで話し合い進めていく姿を見守り、必要に応じて助言したり、教材を準備したり時間を調整したりといった援助を行った。

（文責・安達かえで）

やった～！　優勝だ！

優勝の喜びと達成感で、円陣を組む子どもと保育者

事例
2

5歳児の保育実践

スーパーボールが浮かない

▶せんりひじり幼稚園・ひじりにじいろ保育園　5歳児クラス（2016年12月）

キーワード「問題解決力」「根気」「探求心」「こだわり」「見通し」「向上心」

お祭りで スーパーボールを作ろう

スーパーボールが手作りできることを知った子どもたちが、試しに作ってみることになった。水と塩を混ぜて飽和食塩水を作り、その中に洗濯のりを入れて混ぜると、塊になって棒にくっついてくる。この不思議さに感動してから、科学の本を開いて、色や光に興味を示す子どもが増えた。

作り方を説明します

クラスの“お知らせタイム”で、スーパーボールが完成したことや、その作り方を発表した。自分の感動や発見を発表する姿は、うれしそうで得意気である。この日から、発表を聞いた子どもも加わって、スーパーボール作りが毎日のように行われた。

あれ？　うまくいかない

しかし、最初の成功が奇跡かと思うほど、失敗の連続になってしまう。

塩の量が少ないと固まらず、多すぎるとざらざらになる。また、棒でかき混ぜるのが早すぎると塊が分離してしまい、遅すぎると塩と洗濯のりが反応せずいつまでも固まらない。さらには色を付けたいと絵の具を加えるが、そのまま入れると絵の具がうまく溶けず、水に溶かしたものを入れるとそれぞれの比率が変わってしまう。それではと食紅を入れると、ほしい色にならない。気が遠くなるような実験の毎日。それでも子どもたちは投げ出すことなく、「なんでダメだったんだろう？」と考えながら、また楽しみながらチャレンジを続けた。

問題発生！ ボールが浮かない

諦めずにチャレンジし続けた結果、完成したスーパーボールが少しずつ増えてきた。そこで「スーパーボールすくいごっこをやってみよう！」と水に入れた時に事件が起こった。なんと、浮かないのだ。スーパーボールが浮かないと、すくうことができない。そのことに気付いた子どもたちは、ショックを受けながらも、気持ちをすぐに切り替え「なんで沈むんやろ？」「どうやったら浮くんかな？」と考え始めていた。

「浮かないよ。これじゃあ、すくえないよ」とショックを受ける

なんでだろう

この頃、家庭での幼稚園の話題は、スーパーボールばかりだったそうだ。「なんでだろう？」「どうしたらいい？」という子どもの問いかけに、多くの保護者が丁寧に向き合い、一緒に考えたり、材料を揃えて実験したりしていた。幼稚園での取り組みは保護者に伝えており、保護者のこのような対応が後押しとなり、園での子どもたちの活動がさらに進展していくことになる。

アルミホイルでいこう

家庭で成功した方法を園で試してみた。ゆるく丸めてみたり、綿を中に入れてみたりしたが、作りやすくて成功率が高いのが、アルミホイルを中に入れる方法だった。この方法で作っていき、その半分ほどが、やっと浮くようになった！

こうしてスーパーボールすくいは、大人気のお店になった。

成功率が高いのが、アルミホイルを使う方法であることがわかった

いろいろなお店がある中で、スーパーボールすくいが大人気！

保育者のかかわりや援助

この事例では、試行錯誤しながら問題解決をしたり、主体的に企画運営をしている。さらによいものを作ろうとする向上心などの非認知的能力が育つとともに、その非認知的能力を使って、計って調整するという認知的な能力も育ちつつあると考える。

保育者は、子どもたちの話し合いを交通整理し、その内容を可視化するためにマップを作成し、掲示している。また、何度も試行錯誤できるように、多めの材料や道具を準備することが必要である。

（文責・安達かえで）

事例 3

5歳児の保育実践

もっと怖くしたい「くらやみのろいべや」

▶せんりひじり幼稚園・ひじりにじいろ保育園　5歳児クラス（2017年12月）

キーワード　「問題解決力」「主体性」「協同性」「創造力」

お化け屋敷をしよう

11月から始まった5歳児のお店屋さんプロジェクト。れんげ組は「お化け屋敷」に決まった。まずは、どんなお化けを作るか、どんな材料を使うか、なにが必要かについての意見をマップで広げていく。

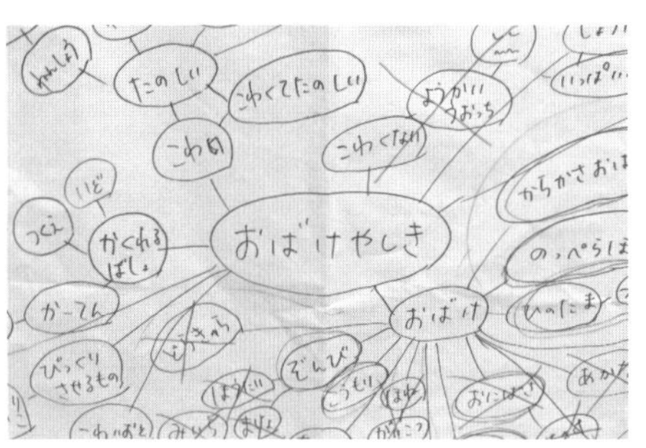

お化け屋敷の名前は、怖い言葉を出し合い2つをつなげて「くらやみのろいべや」に決まる。絵の具を血のように赤く散らした看板を作った。また、お化け屋敷に必要なものをグループに分かれて製作。さらにメイクアップアーティスト（担任の友人）を呼んで、お化けメイクの仕方を教えてもらい、「怖がらせたい」というテンションは最高潮に達する。

本気でめちゃめちゃ怖いお化け屋敷にしたいねん

お化けや素材ができてきた頃、「1回やってみよう！」ということで、プレオープン。交代でお化けをやってみた。

すると、「ぜんぜん怖くない」「お化けがうろうろしているだけや」という意見が出たので、どうすれば怖くなるか話し合った。

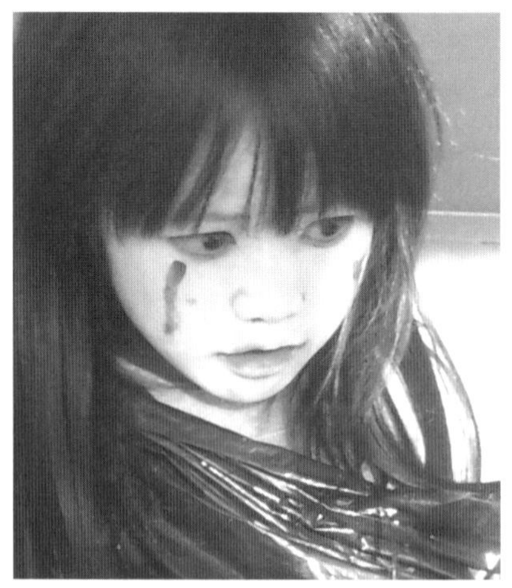

隠れるところを作ろう

「隠れたところからいきなり出てくると怖い」「怖い声を出しながらゆっくり近づいてくるほうが怖い」「人が通ったあとでろくろ首伸ばしても、気付いてもらえない」の意見が出た。そこで、お化けが隠れるお墓を作り、出ていくタイミングや首を伸ばすタイミング、ゆっくり歩く練習をした。そして、いよいよ保護者をお客さんとして迎える日が来た。

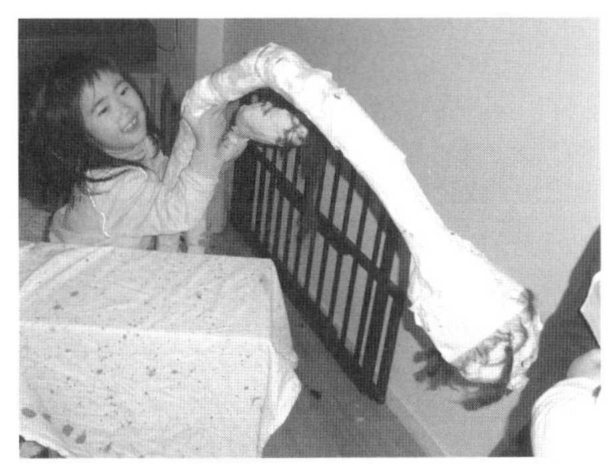

「お客さんを一度に入れると、お化けが出ていくタイミングが難しいから、案内の人は4人ずつ入ってもらうようにする」「音もちゃんと出す」「次にどこへ行くかも、案内する」などを考えて実行。そして、保護者の反応に満足した様子だった。

1か月近くの取り組みで、自分の意見を話し合いで伝えたり、友だちのアイデアを認めて1つにまとめたりしていく姿が見られた。素材を選び調達する力、失敗の原因を探る力、さらによいものにするための向上心や創意工夫、全体を俯瞰して運営する力など、様々な力が育っていると実感した。

保育者のかかわりや援助

保育者は、子どもたちの主体性を大切にし、「やりたい」気持ちに火がつくように工夫した。まず、どんなお化け屋敷にしたいかをイメージできるように写真やチラシを用意。その話し合いの内容を整理・確認しやすいように意見をマップに書き出すほか、子どもたちが描いた具体的な設計図や場所のレイアウトなど話し合ったことを図に書き、それらを掲示した。

さらに、メイクアップアーティストにメイクをしてもらい、「怖くしたい」気持ちを高めている。時には、演じたお化けを「あんまり怖くない」と指摘してあえて“壁”になり、深く考える機会をつくっている。全体の運営については、「失敗→話し合い→運営」と試行錯誤をくり返し、諦めずに取り組めるように言葉をかけていった。

製作についても、自分たちで材料を吟味し、工夫して作っていけるように様々な素材を準備。また、どこに行けばもっと適した材料が手に入るかを一緒に考えるとともに、用務員さんや保護者の協力を得る。

なお、作り上げていく過程をドキュメンテーションにまとめて掲示することで、保護者に活動のプロセスを伝え、子どもの育ちへの理解を深めてもらった。

（文責・安達かえで）

事例 4

5歳児の保育実践

最後の日は「幼稚園に泊まりたい」

▶せんりひじり幼稚園・ひじりにじいろ保育園　5歳児クラス（2019年3月）

キーワード　「主体性」「企画力」「見通し」「実行力」「協同性」

幼稚園に泊まりたい

「幼稚園最後の日は、みんなで幼稚園に泊まりたい」と言い出した年長組の預かり保育（ホームクラス）の子どもたち。保護者や園長先生にOKをもらうと、話し合いが始まった。「ごはんはどうする？」「お風呂はどうする？」「布団はどうする？」「テラスに寝転んでみんなで星を見たいなあ」「夜の幼稚園を探検してみたい」「『きもだめし』をしよう」と、話し合いが止まらない。

きもだめしは、どこを通る？

「きもだめしは、どこを通る？」「裏庭にお化けカードを隠しておくのはどう？」「グループに分かれて、それを見つけて帰ってくるとゴールにする？」「真っ暗やったら危ないから、ライトを持って行こう」「近道はダメ。かかしのところを通って上がってくることにしようね」と、内容が具体的になってきた。

グループに分かれてカレー作り

さあ当日。「夜ごはんのカレーは、グループに分かれて作ろう」「作り方を書いたから説明をします」「水は200のところまで入れてください」。材料は、グループで相談して持ってきたので、グループごとに味が違うカレーができあがった。

夜ごはんのあとの お楽しみ

夜ごはんのあとは、きもだめしに出発。グループごとに中庭をぐるっと一周して、隠してあるお化けカードを見つけて、帰ってくる。

お化けカード発見

寝る前にテラスに寝転がって星を見る予定だったが、残念ながら雨のため「星空ツアー」は中止。代わりに作っておいたLEDランタンを灯したら、いい感じで子どもたちはうれしそう。「おやすみなさい」で眠りについた。

おやすみ～

達成感を味わった子どもたち

次の朝、みんなの大好きな遊具の前で記念撮影。「これでやりたいことは全部やった」という達成感を味わって終了。

明日から小学校。「自分たちの力でこんなことができたのだから、小学校に行ってもきっと大丈夫」と信じている。

やりたいことは全部やった

お別れは
さびしい

保育者のかかわりや援助

計画から準備を、全部自分たちで話し合って決めて実行した卒園前の5歳児の活動である。この姿から、主体性・企画力・リーダーシップ・見通し・実行力・問題解決力・協同性等の育ちが見られる。

子どもの主体性を大切にするには、大人が先回りをしないで肯定的に見守り、子どもたちの提案や要求が出るのを待つことが大切である。また、大人が思いつかないような子どもの発想や、寄り道のようなおもしろい活動を、共に楽しむことができる柔軟性も保育者には必要だと考える。

（文責・安達かえで）

事例
5

5歳児の保育実践

こんな季節にガ!!なんでバタバタしてるんやろ?

▶なわて幼稚園　5歳児クラス（2016年12月）

キーワード　「思考力」「試行錯誤」「探究心」「思いやり」

なんでバタバタしてるんやろ？

遊具の下に敷いてあるマットの網目に、１匹のガが挟まっていることに気付いた子どもたち。ガは元気がない様子。羽をバタバタさせており、「なぜだろう？」と会話が始まる。「寒いから震えてるんと違う？」「飛びたいんと違う？」といろいろな仮説を立てる。

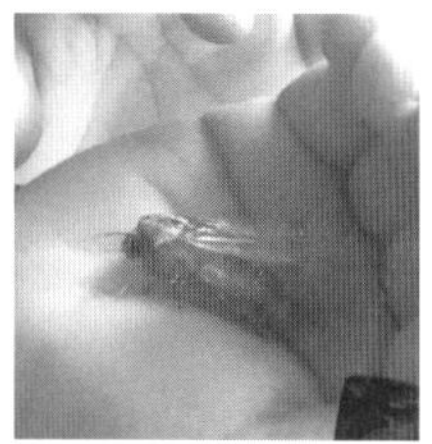

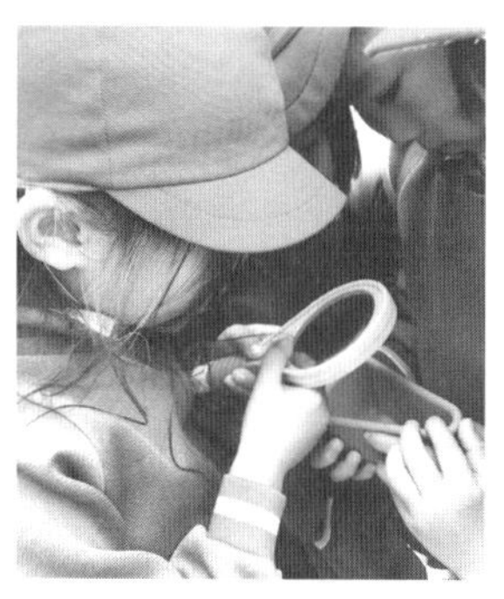

容器に入れたガを虫メガネで観察する

調べてみよっ！

そこで、部屋から図鑑を持ってきて調べることに！　しかし同じ種類のものが載っておらず、「絵本の部屋の図鑑なら載っているかも！」と図書室に移動して調べる。

あかん、弱ってきてるわ逃がしてあげよ！

なんとか答えを見つけようと頑張るが、調べているうちに弱っていくガの様子を見て「早く逃がしたほうがいいんちゃう？」とあわてて木にとまらせる。しかし、すでにガには木につかまる力がなく、すぐに落下してしまう。

幹の突起部分につかまらせようという計画がうまくいかず、「じゃあ、木の穴（くぼみ）にのせたらいいんちゃう？」と試行錯誤をくり返しながら問題解決していった。最後は万一落ちても大丈夫なようにと、落下地点を予想して“砂のクッション”を作るという、優しい一面も見られた。

（文責・井上真也香）

木のくぼみにガをのせ（左）、その下に砂を盛り上げた（右）

事例
6

5歳児の保育実践

宇宙ってどんなところ?

▶豊中みどり幼稚園　5歳児クラス（2016年11月）

キーワード　「主体性」「協同性」

宇宙の作品を作りたい

運動会のテーマが「宇宙」だったことから、子どもたちは宇宙に興味をもつようになった。作品展の話し合いでも、「銀河鉄道を作りたい」「ロケットやスペースシャトルは？」などの宇宙をイメージする意見が多く出てきて、作品展のテーマも「宇宙」に決まった。

作りたい内容ごとにグループに分かれ、グループの話し合いから完成予想図を描いて製作をスタートしていった。

どんな素材でどう作る？

「宇宙ステーションにはなにがあるのだろう」「宇宙にはいくつの星があるのかな」と、子どもたちは図鑑や絵本で調べたり、どんな素材でどう作っていくか相談したり、何度も話し合いを重ねている。なかなかうまくまとまらなかったり、作っていくうちに失敗して崩れてしまったり……。試行錯誤や葛藤をくり返しながらも、作品は徐々に形になっていった。

1人では難しいことも、お互に励まし合い、力を合わせて作り、完成するとみんなで喜ぶ姿が見られた。

保育者のかかわりや援助

保育者は次のようにかかわり、援助していった。

- 子ども主体で進めていけるように、子どもの話を聞き、受け入れる。
- 学年で共通理解するため、合同で話す。
- 試行錯誤や話し合いに対して、見守ることを大切にする。
- 失敗した時には、子どもと一緒に考えたり悩んだりをくり返し、うまくできた時には喜びを分かち合う。
- 自分のグループ以外の製作にも目を向けるように、各グループで中間発表をする。

この経験が子どもの自信となり、達成感や充実感を味わうことができるようになった。また、日々の保育においても積極的になり、発言する姿ややりたいことの計画を立てる姿が見られるようになった。

（文責・吉田陽香）

作品展では宇宙をテーマに、銀河の様子やロケットなどの作品が並んだ

事例 7

5歳児の保育実践

みんなで力を合わせよう!

▶豊中みどり幼稚園　5歳児クラス（2016年11月）

キーワード　「自尊感情」「思いやり」「自制心」

積み木を高く積んでみよう

4歳児から積み木にふれてきた子どもたちは、自由あそびの時間に「こんなものを作りたい！」と家や町などを、友だちと作る姿が見られるようになる。

卒園生の子が遊んでいた木製ブロックも出してきて、「高く積んだら楽しそう」「高いピラミッドを作るにはどうしたらいいかな」と、子どもたちの中であそびが広がり始める。

積み木が崩れて言い合いになる

しかし、高く積み上げた積み木が崩れると、「壊さないで!」「だれがしたの？」と言い合うなどトラブルになることが多かった。

そのつど保育者と話したり、クラスで一緒に考えたりする中で、みんなで少しずつ作っていく粘り強さが見られるようになり、完成させた喜びを感じられるようにもなった。異年齢交流では年下の子に教えたり、感謝されたりする経験が自信となった。

保育者のかかわりや援助

保育者は次のようにかかわり、援助していった。

- 自由あそびの時間をしっかり取り、遊び込めるようにする。
- ほかの子どもに伝えるように、工夫したところや難しかったことなどを子どもが話す機会をつくる。
- 子どもからの発信に耳を傾け、したいことができるように、設定保育での計画を子どもと考える。
- できたものを写真に撮り、保育室に掲示する。

こうして、積み木や木製ブロックの経験を通して発想力やイメージが広がった。また、根気強くやり抜く力や、崩れてももう1回やろうとする粘り強さ、友だちに対しての思いやりが見られた。

（文責・吉田陽香）

最初はトラブルも多かったが、次第に協力し合えるようになった

高く積み上げるだけではなく、スペースを広く使った街づくりなどにも発展した

事例 8

5歳児の保育実践

天国でも元気でね
～ザリガニの飼育を通して～

▶ひじり幼稚園　5歳児クラス（2016年11月）

キーワード　「興味・関心」「思いやり」「協同性」

大好きな ザリガニのロビン君

「先生ザリガニ捕まえた！　お部屋で飼ってもいい？」と、クラス内でザリガニの飼育が始まった。「ロビン君おはよう」「おなかすいた？」「お部屋掃除してあげるな」と、毎日お世話を頑張っていた。

初めは、「なんか怖いな」と見ているだけの子どももいたが、友だちから「後ろからそっと持ったら大丈夫やで」と教えられ、少しずつ恐怖心もなくなり「私も持てた」と喜ぶ姿が増えた。

世話をしている様子を示した掲示物

脱皮に失敗。 お葬式でお別れする

しかしそんなある日、ロビン君は脱皮に失敗してしまい天国へ。子どもたちにはとても見せられない状態だったので、登園前に担任が土に埋めた。

そして、ロビン君のお葬式をすることに。住職である園長先生にお願いして、ロビン君に花と線香をお供えした。すると「僕のおじいちゃんも天国にいてるから、一緒に遊んでもらってね」「元気でね」と声をかける子どもたち。ほかのクラスのお友だちが踏まないように「僕たちで守ろうな」と言ったり、ロウソクの火が消えないように手で風をさえぎったりする姿も見られた。

ロビン君に花と線香を供える

保育者のかかわりや援助

飼育の様子などを写真で掲示していたため、苦手意識が強い子どもも興味をもち、積極的に飼育活動に参加した。お葬式をすることで、あらためてロビン君が亡くなったことを実感し、命の大切さを知った子どもたち。

ロビン君への声かけに思いやりの気持ちが見られた。また、その後も園庭で遊んでいる時に、ロビン君に声をかける姿も見られた。

（文責・杉本桂子）

事例 9

5歳児の保育実践

鬼ごっこから(日常の話し合い)

▶ひじり幼稚園　5歳児クラス（2016年11月）

キーワード　「自尊感情」「思考力」「思いやり」

どうして泣いているのかな

園庭で鬼ごっこをしていると、Sちゃんが1人で泣いている。その姿を見たA君が「先生、Sちゃんが泣いている」と担任に伝えに来てくれた。担任がA君に「どうしたんやろうな」と問うと、A君はSちゃんに話を聞きに行った。また、泣いているSちゃんに気付き、数人が集まってきた。

しばらくすると、A君が3人の男の子のところへ行き、次にその3人の男の子をSちゃんのところへ連れて行った。

あそびの中で誤解が生じ、Sちゃんが嫌な思いをしていたそうで、もう一度話し合うようにA君が声をかけたのだ。

A君の行動をみんなで共有

そのA君の行動を、その後クラス内で共有した。すると、「じゃあ、今度は僕も助けてあげる」という声が多く聞こえた。

「ぼくも助けてあげる」と手が挙がる

保育者のかかわりや援助

日頃から、子どもたちがなにかに困っている時、すぐに保育者が解決するのではなく、見守りを大切にしている。また、話し合う機会をたくさんつくり、出来事を共有することで、異なる場面でも助け合いが見られるようになった。話し合いの場では、自分の思いを言葉にして伝えることの大切さに気付き、意見が異なった時の折り合いの付け方も身についてきていると思われる。

（文責・杉本桂子）

鬼ごっこの話し合いのあと、助け合う姿が見られるようになった

事例 10

5歳児の保育実践

ナスビが食べられた!

▶せんりひじり幼稚園・ひじりにじいろ保育園　5歳児クラス（2016年6月）

キーワード　「問題解決力」「創造力」「主体性」「協働性」

落ちたナスビに食べられた跡がある

育ててきたナスビを月曜日に収穫して、ピザにのせて食べようとみんなで決めた。ところが月曜日の朝、ナスビが落ちていて、かじられた跡が……。カラスの仕業かもしれないと考えた。

カラスの仕業かな？

「せっかく育てたのにかじるなんてひどい」「でもカラスもなにか食べないと死んじゃう」などの声が上がる。そこで、帰りの会で話し合うことになった。

「かかしを見たことがある」「カラスがかかしを人と間違えて寄ってこないかもしれない」「DVDをぶら下げてるの見たことある」「光が当たってキラキラするからカラスが嫌がるんじゃない？」と意見が出る。次の日かかしは完成し、今でもカラスから作物を守ってくれている。

保育者のかかわりや援助

話し合いの場を設け、友だちの気持ちや考えを知ったり、友だちと共に問題を乗り越えていく喜びやおもしろさを感じられるよう、保育者はファシリテーターとして話し合いを進めたり見守ったりした（時には子どもが進めた）。また、子どもたちが自ら必要性を感じて動物の習性を調べられるように図鑑を置いたり、インターネット環境を利用したりする援助をした。

様々な場面で達成感を共有し、その過程をドキュメンテーションにまとめ掲示することで、保護者に活動内容を伝え、子どもの育ちへの理解を深めてもらった。

（文責・安達かえで）

身振り手振りで考えを伝える

かかしの名前は「かわしま まもる君」

事例
11

5歳児の保育実践

命を感じる ～ウサギの「ラムくん」のお世話を通して～

▶せんりひじり幼稚園・ひじりにじいろ保育園　5歳児クラス（2017年9月）

キーワード　「思いやり」「興味・関心」「責任感」「主体性」

「ラムくん」のお世話してる？

年長組になったばかりの4月は、当番活動のウサギの「ラムくん」のお世話を張り切ってしていた。ところが、だんだんと小屋が汚れたままになっていたり、当番活動が手抜きになってきた。

「ラムくん」重くなった？

そこで、一人ひとりがラムくんを抱っこして、どのくらい重くなったか感じてみることにした。子どもたちは、「重くなった」と感じているようだった。さらに、どれだけ重くなったかを実際に量ってみることにした。

量り方は、その月がお誕生日のS君がラムくんを抱いて体重計に乗ることで、ラムくんの重さをみんなで考えた。18kgのS君がラムくんを抱くと20kgになるため、ラムくんは2kgだとわかった。前回は1.6kgだったので増えている。ラムくんの体重の増加に、子どもたちはうれしそうにしていた。

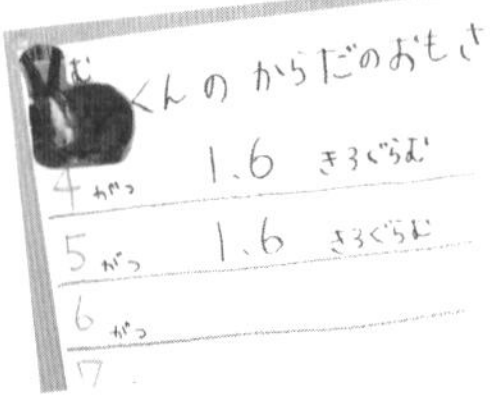

「ラムくん」はしゃべれないからね

「エサをたくさんあげているから重くなった」「でもこの前、水入れが空っぽになってたよ」「ラムくん、飲もうとしてたから、水を入れといたよ」「お水ほしいって言えないもんね」「ラムくんは生きてるから毎日しないとね」と子どもたちから声が上がり、その日からまたウサギの世話が丁寧になった。

保育者のかかわりや援助

保育者は、子ども一人ひとりにウサギを抱っこさせて、重さや温かさ、心臓の鼓動を意識できるように言葉をかけた。子どもたちは命を感じ、小動物は自分たちが世話をしないと死んでしまうことに気付いた様子。命の大切さや、生き物を可愛がるとはどういうことかを考える機会になり、その後の当番活動では愛情と責任をもって取り組む姿が見られた。

（文責・安達かえで）

第6章

ドキュメンテーションを活用する

第26次プロジェクトメンバー座談会

可視化することで、どんどん保育が楽しくなった！

〜ドキュメンテーションを生かした実践の振り返り〜

保育の中で変わったこと

北野　この「第26次研究プロジェクト（以降、研究会）」は、乳幼児期の非認知的能力の育ちを支える保育実践を可視化・発信し、保護者や社会の理解を深めていくための実践研究をしようということでスタートしました。

2016年から始めて毎月定例会を開いていますが、プロジェクトに参加している皆さんの感想をお聞かせください。

安達（理）　まず園の保育が変わったと実感しています。保育を可視化する、保護者に伝えるツールとして、ドキュメンテーションを作成し始めました。製作には、まだすごく時間がかかりますが、保育の中での子どもたちへのかかわり方や保育者の意識も変わりました。

北野　保育は学校のように教科という枠があるわけではないので、その中身は保育者の力量にかかっています。その分難しくてすごく大変ですが、やりがいがあり、自分たちで工夫したり考えたりしたことが子どもたちから返ってきますよね。

保育の専門性を意識し、自負をもちながら保育をしていただけるとうれしいのですが、保育者の意識が変わったということは、ほかの園でもありましたか？

安達（か）　私の園では保育者が事例を持ち寄って、その中でどんな力が育っているのか出し合ったりしています。そこであらためて「こういう姿はこの力につながっているんだ」ということをわかったり感じたりすることで、普段の保育の中で子どもたちの姿の中にある育ちに気づけるようになり、それが喜びになって保育がおもしろくなってきたという保育者もいました。
杉本　私は自分自身の保育への意識が変わりました。この研究会で事例を発表すると、自分では気づかなかったことに気づかされます。研究会で得たことを園で実践し、子どものどういうところが育ったかがわかった時など、今まで以上に喜びが増えました。

非認知の力を見つけるために

永谷　私は参加し始めたばかりの時は、非認知的能力について正直ちんぷんかんぷんで、必死についていくという感じでした。1年、2年と参加を重ね、今では自園のほかの保育者よりも「ここが育っている」ということが言えるようになりました。
　またいろいろな大会などに参加し、そこでお会いしたほかの園の先生方に、「こういうことをしたら、こういうふうになりました」などと説明ができるようになり、自分が成長してきたのかなと感じています。
北野　「できた・できない」ではなく、意欲が生まれたというような非認知的能力については数値で表せないので、保育の実践を可視化し、保育者が語彙と視点を活用して保育の現実を説明ができるようになるということは、とても大事なことですよね。
　それはやはり、研究会の中で実際の事例を検討し、その専門性や重要性をみんなでディスカッションしてきたのがよかったのだと思います。
小池　最初、私は事例がなかなか見つけられませんでした。でもそういう話を、ほかの先生たちと一緒に考えてみた時、「あ、これもそうなんだ」と見つけることができました。また、「これはどうだろう」と思って持ってきたものが、先生たちと話してやっぱりそうだとわかり安心感を得られることもあります。ですから参加を重ねるうちに、もっとほかの事例も知りたい、もっとわかる自分になりたいと、どんどん前向きな気持ちに変わってきました。

違う園の保育者が集まる意味

北野　保育が楽しくなったという実感はありますか？
井上　はい、楽しくなりました。やはり目に見えない、数字や文字に表せないことをどうやって伝えるかというのが最初は難しかったのですが、保育が楽しいと感じるようになってから、自分の中で見えてくるものが出てきて、誰かに伝えたくなるようになりました。ですから研究会に来て話し、共感し合えることも楽しいと感じますし、次に向かうエネルギーをもらえています。

北野　それぞれ違う園からこれだけたくさんの先生たちが集まってくださっている。その意味はどのように感じておられますか？

楠城　ほかの園のお話や考え方などを聞けるのは、すごくよいことだと思います。

自園で撮った写真を研究会に持ってくると、「こういうところが育っているね」などと指摘してもらえ、そのことを撮影した保育者に伝えるとすごく喜んでいます。自園の中にいるだけでは、気付かなかったことでした。

0歳児の保育

本島　私はプロジェクトに参加してから乳児の担当になりました。研究会ではほかの園の先生たちに、これまで考えたこともないような視点を教えてもらい、その視点をもって子どもを見たりできるようになったので、そのへんは変わってきたのかなと思います。

北野　とくに乳児の保育は、視点が大事ですよね。ほかに0歳児の保育でなにか感じていらっしゃることはありますか？

本島　0歳児は言葉をもたないので、しっかり見て、そこから感じとることが必要だと感じます。例えば、ハイハイしている赤ちゃんはどんなことを感じていて、それがどんな力になっているのか。そういうところを見るようになりました。

小野寺　私も今乳児を担当していますが、やはりしっかり見て、子どもからの問いかけに答えて、それを積み上げていくことが、その先の5歳児の育ちへつながるんだということをすごく感じます。

それに、研究会に来るようになって、保護者対応の機会も増えました。1日子どもと会えない保護者に対し、見えない子どもの育ちをいかに伝えるか。その伝え方をこの研究会で学びました。

河村　私もこのプロジェクトが始まったころに乳児の担当になって、どう対応してよいかわからず困っていたのですが、北野先生が毎回アドバイスをくださり、私たちがやっていることを言葉にしてくれたのを覚えています。

様々な事例を出し合う中で、ほかの園の先生たちとお話させていただいたことは、自分の子育てにも生かされています。「こういうことは、きっとこんな成長につながるんだ」ということを、身をもって体感しています。そしてこの経験は、園で乳児とかかわる時にも生かされるだろうと思います。

上部　私も初めて乳児を担当した時はなにがなんだかわからなかったのですが、かかわっていくうちに、その子がなにを考えているか少しずつわかってきて、先を読めるようになりました。それを踏まえて今3歳児を担当しているのですが、声かけの方法や、その時に応じた環境づくりなどによって、子どもがどうしたいのかが見えてきて、それはとても大事だと実感しています。

記録に書きたいことが増えてきて

北野　皆さん研究会で事例を共有してくださっていますが、事例を可視化したり発信したりすることで難しいと感じておられる、または工夫されていることなど、ありますか？

安達（か）　事例の書き方も、保育が変わるとともに変化しました。子どもの先の育ちが見通せるようになったからこそ、保育の中で「ちょっと待つ」ことができるようになりましたし、流れが少しずつ読めるようになると、ボリュームのある事例が書けるようになりました。

北野　記録を書くことについてはいかがですか？　どんどん書けるようになったとか、写真を撮るのが得意になってきたとか。

安達（理）　確かに、書きたい気持ちが多くて、まとまらないことはありますね。

杉本　クラスだよりなどは、書きやすくなりました。日々の中で感じることの量がすごく変わったので、これは使えると思うことが逆に増えすぎて、選ぶのが大変です。日常の中で、たくさん書きたいことが見つかるようになりましたから。

保護者と共有できること

北野　保護者に対してはいかがでしょう？発信の仕方、ドキュメンテーションなどで変化はありましたか？

安達（理）　私の園では運動会をするにあたって、乳児の保護者に向けたドキュメンテーションを作っています。そこで「入園してから保育者や友だちとのどういうかかわりがあって、運動会はこういう形で行っています」ということを可視化します。運動会では、おじいさんやおばあさんにも見てもらえます。

普段の保育のドキュメンテーションからも、「こんなことをしていたんだ」「子どもが言っていたのはこれなんだ」と保護者が子どもの姿や言葉から、園や保育者と共有できることが少しずつ増えていきます。

杉本　私たちの園では、昨年の夏に保護者アンケートを実施しました。「表情など生き生きしている様子が感じられました」などといった感想があり、「楽しむ、親しむ、味わう」という指針や要領に書いてあることが具現化できたように感じます。

安達（か）　非認知的能力は、肯定的に子どもの育ちを見ることで抽出されるものだと思います。それを保護者に伝えることによって、保育者と保護者が同じ方向性で子どもの育ちを支えることができているのではないかと思っています。

小野寺　私の園では保育参観をしたのですが、実際に子どもを一緒に見ながら「今あれをしていたから、次にこうすると思います。だからきっとこういうことを考えていると思うんです」といった話をしました。

終わったあとに保護者にとったアンケートでは、「先生方が見てくださっていたように、こういうふうにプラスに見てあげればいいんですね」というようなことをお母さんたちが書いてきてくれました。

子どもの姿を肯定的にとらえる

北野　こういう形で保護者にも、保育の専門性をもっと伝えられるといいですね。

この研究会では、その時期の発達に適した環境の構成や保育者の援助の工夫、子ども同士の関係性をどうつなぐのかといったことを視点に入れてやってきました。これは専門性にすごくこだわったからなのですが、皆さん、保育という専門職としての意識はいかがでしょう？

井上　プロジェクトに参加するまで、保育者の役割というのは子どもたちにいろいろなことを伝えていく位置づけのように思っていたので、研究会での「見通しをもった見守り」という保育の仕方が一番勉強になりました。

見守り方がわかるようになったことで、こうしようかな、これやってみようかなと保育の次の手立てなどをゆっくり考えるようになり、子どもとじっくり深くかかわれるようになったと思います。例えば、ケンカなどのトラブルや泣いてしまう出来事があったとしても、すべてを肯定的にとらえ、「これが育ちにつながっていくんだ」と幅をもって子どもを見られるようになりました。

吉田　私はプロジェクトに参加して、ほかの先生からいただいたアドバイスなどが、自分の中で大きな刺激になったと思っています。ほかの先生の事例を見せていただき、日頃の保育で経験したことを聞かせていただくことで、自分の中で援助のポイントをしっかりとらえることができました。そうするうちに、子どもとも、とても穏やかにかかわれるようになって、余裕も感じられるようになったと思います。

可視化で保育を最適化する

北野　私はこの研究会には、一人ひとりが自分でよく考えて保育をされている保育のプロ、大阪の精鋭が集まってくださっていると思っています。皆さんが、子どもを受動的に見守っているのではなく、能動的に保育をされており、私自身、いつも学ばせていただいていることがたくさんあります。

多くの保育者は、指針や要領に書いてある「楽しむ、親しむ、味わう」を、どうやったらいいんだろうと悩みながら、結構一人ぼっちで保育をなさっていると思うんです。ですから園を超えてこうして集まり、保育に本当に大事なことを語り合っている姿には、プロ意識を感じますし、本当にすごいことだなと感じています。

今後はこの研究会で、さらにおもしろいことができるといいなと思いますが、メンバーみんなで各園に見学に行くのはどうでしょう？　公開保育をしますか？

安達（か）　このメンバーのみんなで園に来ていただき、その視点で非認知的能力の育っていることを抽出するような公開保育だったら、ぜひやってみたいですね。

事例を聞くだけではなく、園を実際に見て、ライブで子どもの育ちと保育者のかかわりを見るのもいいかもしれません。

安達（理）　そうですね。今は頑張っているだけじゃそれが伝わらない社会になっているので、保育を公開したり、可視化することは必要だと思います。保育の中にある

子どもたちの姿の実例を元に、自分の言葉で発信していくことが、今私たち保育者に求められていることではないでしょうか。

北野　そういえば、研究会では事例の写真や映像を見たあと、その場面で非認知的などんな力が育っていたか、そこから見える援助の工夫など、出てきた意見をカテゴライズし、付箋にキーワードを書いて貼っていくという作業もしました。その付箋は各園に持って帰っていただきましたが、その内容を見た保育者から、なにか感想はありましたか？

永谷　付箋はすごく有効でした。書いてある内容を見て、自分たちがやっていることにどんな意味があり、子どもたちがどう育ち、どうつながっていくのかということが、それこそ保育者自身が可視化できました。

北野　実践はライブで消えていくものなので、そういったものが残せると可視化もでき、振り返りにもなりますね。

本日はありがとうございました。

※第26次プロジェクトメンバーの詳細は
94ページをご覧ください。

子どもの育ちの場面を切り取る写真、そして記録へ

子どもの「その一瞬」を伝える写真

子どもたちがなにかに出合う時に見せる表情は、その時々で違うものです。特に新しい発見をした時、不思議だなと感じた時、思っていた通りにうまくいった時など、目を輝かせて活動しています。

この「目を輝かせる瞬間」を写真で記録する時、どのような視点で撮影すればよいのでしょうか。

写真の切り取り方による伝わり方の違い

下の写真は、園庭の土を掘り、土の中になにがあるか探索している活動の一場面です。どちらも、ほぼ同じ時間に撮影したもので、活動自体は「スコップで土を掘っている」場面に変わりはありません。では、それぞれの写真にどのような違いがあるのでしょうか。

同じ場面を撮影した写真でも、「アップ

アップ（寄り）

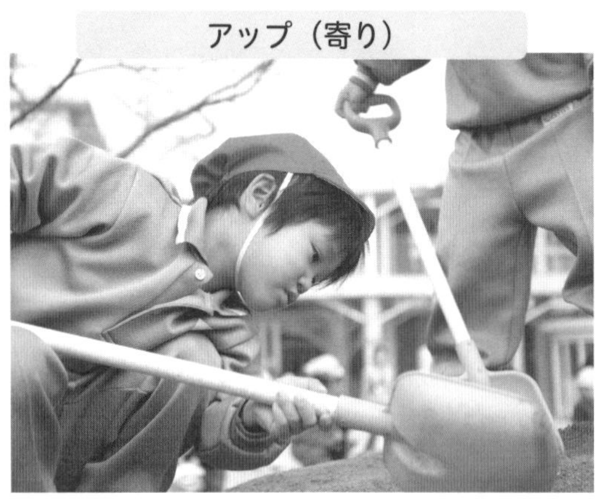

メリット

- 子どもがどのような活動をしているか、焦点化できる。
- 子どもの「まなざし」に注目できる。
- 子どものつぶやきが拾いやすい。

デメリット

- 周囲とその子どもの関係性が伝えにくい。

広角（引き）

メリット

- 子どもと周囲、子どもとその活動の関係性がとらえやすい。
- 多くの子どもの「つぶやき」を取り上げることができる。

デメリット

- 個人の夢中度・真剣なまなざしは伝えにくい。

(寄り）で撮影したもの」と「広角（引き）で全体を撮影したもの」では、写真から伝わることが大きく異なります。

「どのような育ちを伝えたいのか」「どのような姿をクローズアップしたいのか」によって、撮影する写真が変わってきます。このような視点をもって撮影することで、「伝えたいねらい」に焦点が定まり、それを効果的に伝えることができます。さらに、写真に文章を添えることで、保育の意図や活動のねらいなどが、より伝わりやすくなります。

次に、「文章を添える」という観点で、次の2つの方法から違いを見ていきましょう。

文言の形式による伝わり方の違い

写真1のように吹き出しを使い、子どもが実際に発した言葉や、保育者が活動を見て想像した子どものつぶやきなどを表現すると、子ども目線の記録として発信できます。

一方で、写真2のようにキャプション（説明文）を入れると、子どもの活動の説明やその活動がもたらす子どもの育ちや学びを、保育の専門的な視点で解説できます。そうすることで、保護者をはじめとする読み手が、幼児教育の学びや育ちの意図を理解しやすくなります。

例えば、園の教育説明会や入園説明会などで、「見えない力・見えにくい力」、または保育者の専門的なかかわりや環境構成など、説明をしないと見過ごされてしまう事柄を伝えたい場面で用いられることがあります。写真に吹き出しやキャプションを付けることで、読み手が子どもの活動を、よりリアルにとらえることができ、さらに保育者のねらいを的確に伝えることができるのです。

写真1 吹き出しを生かす

この土、ちょっと
硬いねんな……、
どうしたら
掘りやすくなる
かな

写真2 キャプションを付ける

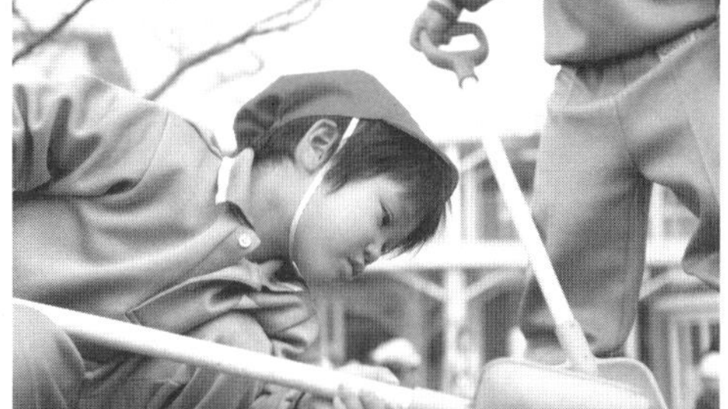

土が思いのほか硬いため、どうやって掘ろうか考えている場面

ストーリーにして見せる写真選び

保育では、「ある1場面」だけを抽出して、その場面における活動の内容やねらい、子どもの姿を残している写真や記録が多くあります。しかし、保育活動の多くは、連続した日々の活動から成り立っているため、「ある1場面」で起こった事柄は、昨日から、もしかすると1週間前からつながっている可能性があります。

連続した活動の場合、これまでの流れをストーリーとして見ることができるように、記録を残したいものです。そのためには、次のような視点を大切に、意識して写真を撮ることが大切です。

①起承転結の「結」の場面を伝える場合、「起」「承」「転」にあたる部分の写真も撮影しておき、「結」につながる話のあらすじが見えるようにする。

②アップで撮影した「寄り」の写真、全体を撮影した「引き」の写真など、ストーリーに応じて使い分ける。

③個々の育ちにかかわる記録なのか、子ども同士の関係性に着目した記録なのかによって、撮影方法を検討する。

④吹き出しを付けられるような構図の写真を撮る（例えば、すべて後頭部の写真では活動や育ちは見えにくいため）。

写真を撮りためたら、いよいよ記録を作ります。ここでは、発表会の行事を例に考えてみましょう。

例えば、事前の準備から発表会が終わるまで、終始意欲的に取り組んでいる子どもがいたとします。子どもの意欲が、ずっと継続していたことを伝えたい場合、どのような写真を選ぶでしょうか。

まず、発表会当日に楽しんでいる様子だけでなく、事前練習で楽しんでいる様子がわかるものを選ぶでしょう。さらには、その表情がよくわかるようなアップの写真を選ぶことで、「写真を通して表情を優先的に発信したい」「表情から想起されるつぶやきを発信したい」という作成者の意図も読み手に伝わるでしょう。

一方、事前の準備で様々なトラブルがあり、それを乗り越えて発表会を迎えたという子どもの成長を伝えたい場合はどうでしょうか。

子どもが様々な葛藤を体験し、クラスの友だちと合意形成を図りながら納得して表現できるようになったなら、取り組み始めの表情は暗い印象になっていることがあるかもしれません。活動を通して、子どもの関心度や夢中度に変化が現れ、最終的には当日、意欲をもって取り組めた、という一連のストーリーを伝えるためには、生き生きと楽しげな表情の子どもの写真だけではなく、「浮かない顔をしている様子」や「子ども同士で言い争っている様子」の写真を選ぶこともあります。

2つの例では、どちらも、活動の初期と集大成の子どもの表情をとらえた写真を選んではいますが、保育者が発信したいこと

の中心的な事柄によって選び方は変わり、また読み手の受け止め方も変わってくることがわかります。

このように、一連の流れ全体に共通する「保育者が伝えたい子どもの姿」に焦点を絞って写真を選ぶことで、保育者のねらいが読み手に伝わりやすくなるのです。

子どもが撮ったものも記録に使う

「保育場面の写真を撮影する」と言われると、一般的に保育者やプロのカメラマンが撮影すると思われがちです。考え方は様々だと思いますが、子ども自身が撮影したものを記録に使うことも、1つの方法です。

発達段階にもよりますが、子どもが撮影したものは、おそらく、子どもなりに撮影した理由が存在します。「どうしてその場面を選んだのか」ということに対して、特に5歳児などは自分で意味づけや理由づけをすることは可能であると考えます。子どもが切り取った一瞬に対して、保育者がつぶやきや、子どもの姿を書き加えることで、「保育者が作る記録」から「子どもと保育者で紡いだ記録」となっていきます。

保育場面の写真は、なにも「ピントがばっちり合っている！」「背景がぼけていてきれい！」など、見た目のよいものだけが「よい写真」とは言えません。たとえぶれていようとも、子どもたちの姿やつぶやきが今にも聞こえてきそう、読み取ることができそう、というものが、質の高い記録写真と言えるのではないでしょうか。

ぜひ、積極的にトライしてみてください。

（文責：岡部祐輝）

写真撮影のポイント

主な構図の種類
- アップ（寄り）
- 広角（引き）

写真の説明
- 吹き出し
- キャプション

時間軸
- 活動の「ある１場面」だけを抽出する
- 活動の一連の流れをつづる

発信したい事柄の軸
- 活動を通して終始○○な様子だったという一連の流れ
- 最初は△△だったが、活動を通して□□になったというビフォーアフター

撮影者
- 保育者
- カメラマン
- 子ども

ドキュメンテーションによる可視化 ～2つの事例から～

保育活動で子どもがどのように成長したのか、保育者の専門的な視点を盛り込んで伝える方法の1つにドキュメンテーションがあります。ここでは、その具体的な事例を2つご紹介します。

事例1 お部屋用のパラバルーン作り

運動会の取り組みが半ばを迎えた頃、パラバルーンを持っているつもりで、ごっこあそびをしている子どもたちがいました。パラバルーンに見立てられるよう1枚の布を手渡してみると「これやったら小さくて中に入られへんし、丸くないからパラバルーンとちがう」と言い始め、手作りすることになりました。

どうしたら丸くなるのかな

最初は、パラバルーンの配色をまねて、赤、青、緑、黄色のカラーポリ袋をつなぎ合わせていましたが、丸い形にならず、つなげばつなぐほど、めざす形から遠のいていくことに気付きました。

子どもたちが全体の形や配色に目を向けていたので「1色の形はどのようになっているかな？」「四角をどうすると三角になるのだろう？」と投げかけ、小さな長方形の画用紙を渡しました。すると、対角に折ると自分たちの思う形に似ることに気付きます。すべてのカラーポリ袋を切り開いて三角形にし、つなぎ合わせていくと、ようやく思い描いていた丸い形になりました。

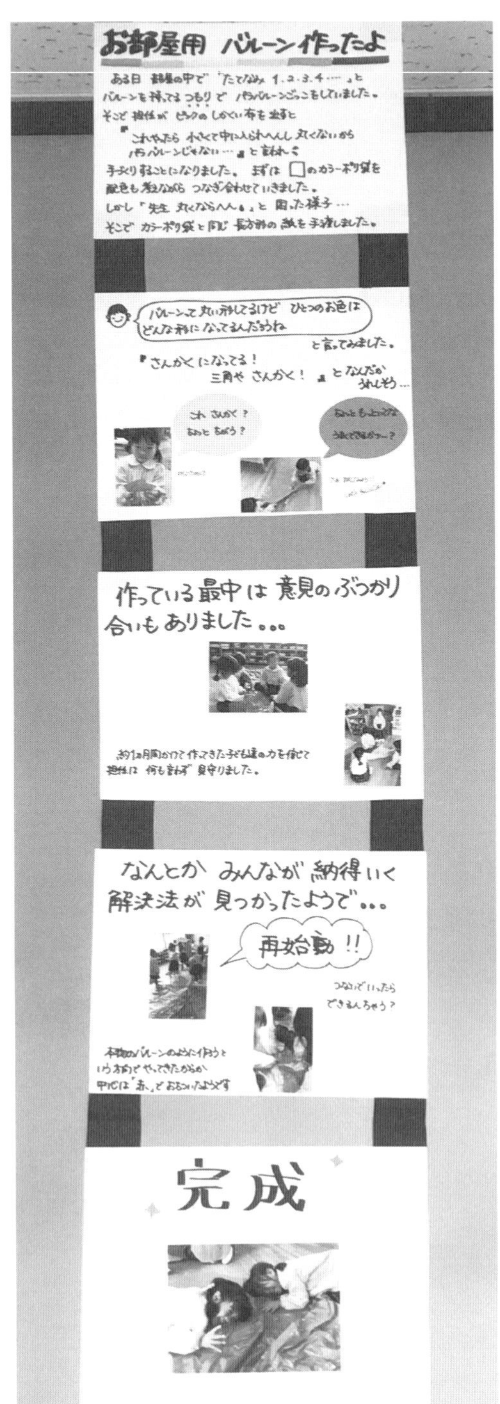

活動の一連の流れを、ドキュメンテーションで紹介

足りない色をどうするか

「中心の穴を埋めたらできあがり！」という時になって、そこに使いたい必要な「赤」のカラーポリ袋が足りないことに気付きます。「じゃあピンクでいいやん」と提案する子がいる中「いやや、本当のパラバルーンは赤色やもん」と意見が分かれました。

パラバルーン作りが始まって約1か月。今までの経験から自分たちで解決策を見つけるだろうと、担任は見守ることにしました。15分ほど話し合った結果、本物に似せることへのこだわりから、赤のカラーポリ袋の切れ端を、つぎはぎしていくことになりました。

ドキュメンテーションへ

いろいろなハプニングを自分たちで解決しながら多くのことに気付き、最後まで諦めずに思いをかなえていくという一連の流れを、撮っておいた写真をもとにドキュメンテーションにしました。

さらに、運動会に向けてパラバルーンを練習していくと、いつも抜けてしまう技があったり、動きを合わせにくい箇所があることに気付きました。そこで2人の女児が「順番を間違わないように紙に書いて、みんなで見られるよう貼っておきたい」と言ってきました。とはいえ、字は読めても、書くのは少し難しい子どもたち。そこで、50音表やあいうえおブック、文字ハンコなどを使いながら1週間かけて仕上げていきました。そして、この様子もドキュメンテーションにして掲示しました。

子どもの気づき、学びが見られる場面を逃さず、しっかり写真に収める

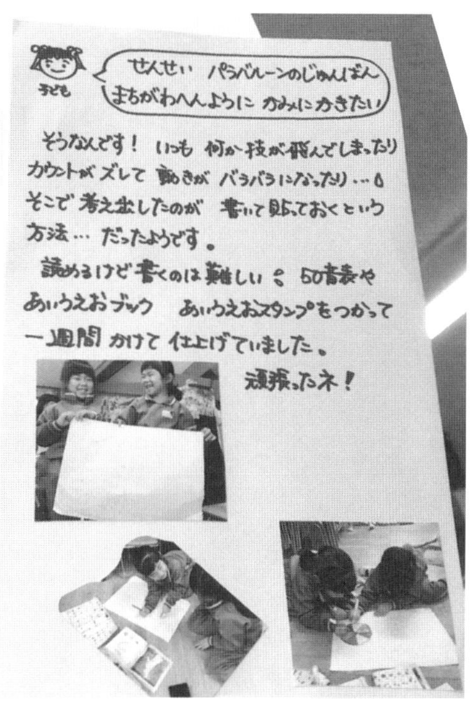

多岐にわたる活動も、写真と解説で紹介することで、わかりやすくなる

事例2
色と光のプロジェクト

プラスチック製の透明容器に油性マーカーで色を付けることから始まったプロジェクト。最初は、様々なプラスチック素材にカラフルに色を塗って遊んでいました。ある日、1人の女児が色を塗った透明カップを窓にくっつけて「光」を当てて遊び始めました。

太陽が隠れると光が入らなくなるので、代用にと担任から渡された懐中電灯に透明カップをかぶせてみると、色を通した光が部屋の天井に映し出されていることに気付きます。そして、次々と色付きの容器を取り替えては、天井に映る色を楽しんでいました。

映し出す場所との距離が変わると、色が濃くなったり薄くなったりすることに気付いたり、4台の懐中電灯を使って「ぼく赤！」「緑は○○ちゃん」と言いながら「光の鬼ごっこ」という新たなあそびを自分たちで考え出すなど、活動は続いていきました。

重ねることで色が変わることに気付く

年長児がおしろい花でピンクの色水を作って盛り上がっている中、年中児が百日紅の花で紫の色水を作ろうとしていました。なかなか思ったような色にならない様子を見ていた子どもが、「赤と青まぜたら紫になるで」とアドバイス。すると「本当に紫になるのか、赤と青の絵の具で試したい」と、色水作りが始まりました。色の配分を変えることで、様々な「紫色」ができるこ

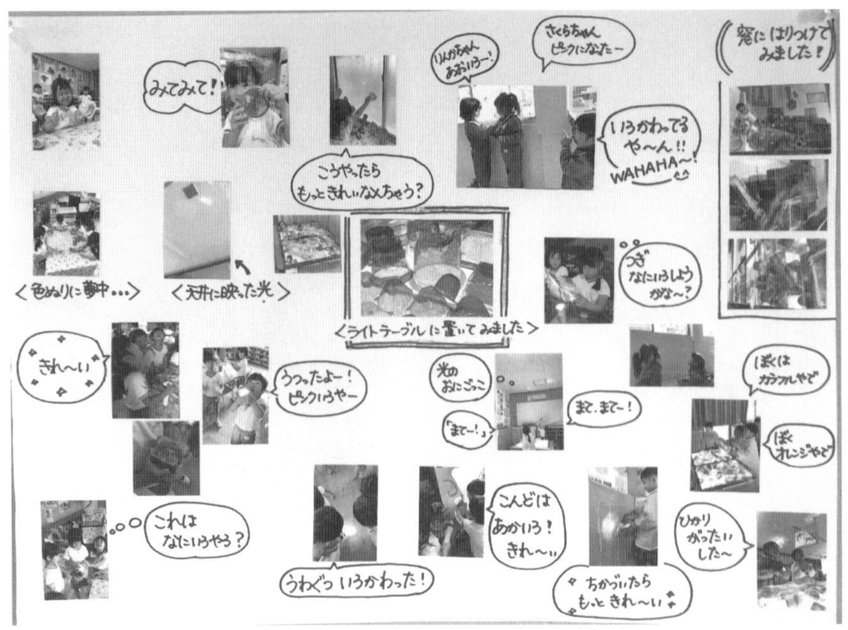

プラスチック容器に色を塗るあそびの紹介。掲示することで、子どもたちも振り返りができる

あそびがどのように発展していったのかを、順序がわかるよう1枚のドキュメンテーションにして紹介

とがわかりました。しかし、残暑が厳しい時期だったこともあり、作った色水を置いておくとだんだん量が減っていたり、変色してしまったり……。

そこで、食紅を使って色水を作ることになりました。すると、食紅の色水は、絵の具と違って透明感があることに気付きました。

混ぜる色や水の分量を変え、新しい色ができると、廊下や靴箱の上に並べていくようになりました。すると、太陽の光を通した色水が「映し出される」ことにも気付き、ペットボトルを縦に並べて、光の色を重ねるあそびも始まりました。

ちょうど同じ頃、園舎のクリアルーフの軒に雨水が溜まって、白い壁に映っているのを発見した子がいました。「風が吹いてないのに、お水が揺れてるねん！」と気付いた不思議をクラスの友だちに伝え、「みんなで見に行こう！　お水で実験してみよう！」ということになりました。

ドキュメンテーションへ

このプロジェクトを楽しんでいた頃に「なわてこども博覧会」（造形展）があり、ドキュメンテーションを展示して、活動内容や子どもの気づきや育ちを発表しました。今後の保育にどう生かせるのか、活動やドキュメンテーション作りから保育の質の向上につなげています。

（文責：井上真也香）

職員同士が活動を共有することでも、保育の質を高めていく

保護者への発信
～子どもの育ちや保育者の意図を伝える～

保護者と保育を共有するために

園が取り組む「主体的な保育」や、それによって非認知的能力が育まれていく様子を、保育者だけでなく、保護者にも理解してもらうことは、子どもの育ちのためには大変重要です。そのためには、職員間で共有してきた思いや意図を、保護者にもわかりやすく発信していく必要があります。

私の園の年長組は3クラスありますが、学年の共通テーマを「幼稚園は夢が叶う場所」としました。こうしたテーマを設けたのは、「様々な活動に主体的に挑戦し、意欲的に取り組んでほしい」という保育者の願いを、子どもや保護者にわかりやすく伝えたかったからです。

行事の取り組み方 ～七夕夏まつり～

今年度は行事の取り組み方について職員で話し合い、例年とは違う形にしました。子どもの育ちや保育者の思い・意図が保護者にうまく伝わるように、取り組みの様子をクラスだよりだけでなく、園内に掲示をして知らせたのです。

まず、なぜこのような取り組み方をしたのか、保護者にも伝わりやすい言葉を選び、年長組のテーマ「夢が叶う場所」をキーワードにして、簡潔な文章で共有スペースに掲示をしました。共有スペースに掲示をすることで、他学年の保護者への発信にもなりました。また、年長組の約90名が、クラス単位ではなく自分のしたい活動を選び、

年長組 七夕夏まつりの
取り組みについて
今年度、年長組では、幼稚園は
「夢が叶う場所」をテーマに保育を
行っております。
今回の七夕夏まつりでは、年長組が
「合奏」「劇」「お店屋さん」3つのグループ
に分かれ自分たちが選んだそれ
ぞれの輝ける場所で精一杯
楽しみます。

まず、保護者に伝わりやすい言葉で保育の意図を伝える

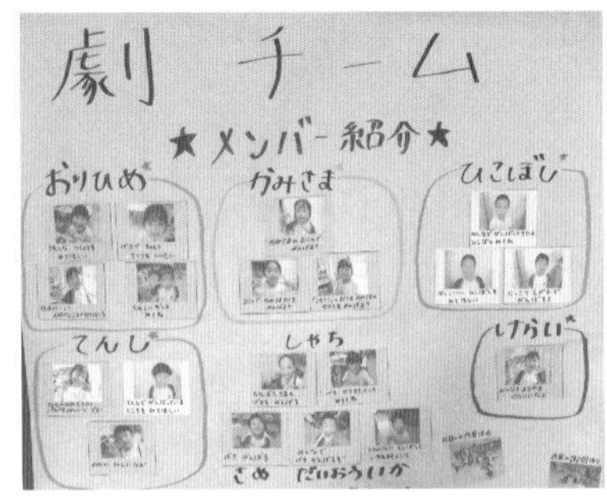

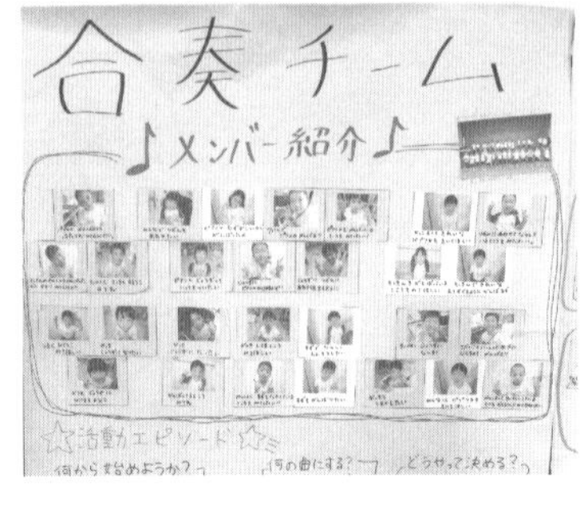

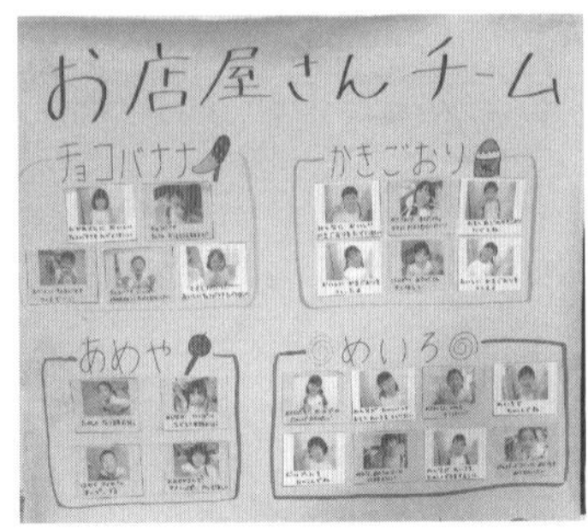

チームごとの取り組みも園内に掲示することで、学年を越えて情報を発信できる

3つのチームに分かれました。そして、子どもたちがそれぞれ選んだ取り組みの様子を見やすく、目にとまりやすいように写真を用いて掲示しました。

また、この掲示を元に、まつりの当日、副園長がマイクを使って、それぞれの取り組みの様子を詳しく伝えました。その際に、担任3人と園長、副園長、主任が、この取り組みに対して共通理解ができるよう、担任は思いを副園長に伝え、副園長が読み上げる原稿をみんなで共有したのです。

保護者アンケートから わかったこと

今回の取り組みが、保護者にどの程度理解されているかを確認するため、後日アンケートを実施しました。この用紙にも、テーマが「夢が叶う場所」だと示した上で、

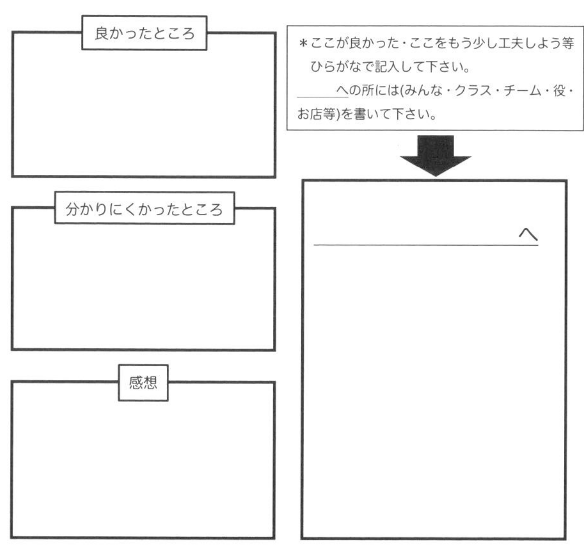

アンケートで保護者の理解の様子を確認する

「良かったところ」「分かりにくかったところ」「感想」そして、「子どもたちに向けてのメッセージ」を書いてもらいました。

子どもたちに向けてのメッセージは、取り組みの様子と同様、だれでも自由に閲覧できるようにし、そのメッセージを元に子どもたちと活動を振り返りました。また、振り返りの様子やアンケートの結果は、後日、学年だよりで保護者に伝えました。

例年とは違った初めての取り組みだったので、「当日の流れがわかりにくかった」という意見もありましたが、「キラキラしていた」「子どもの主体性・自主性が感じられた」「家でも当日まで取り組みの話をよくしていた」等、よかったという意見がほとんどでした。

アンケート用紙には、保護者が理解しやすいように、あえて「主体性」等の非認知的能力のワードは用いず、「夢が叶う場所」という言葉を使ったのですが、保護者のコメントには、「主体性」「自主性」というワードが多く見られました。これは、日頃から保育の意図や子どもの育ちをくり返し伝えてきたことが、保護者の非認知的能力への理解につながったことを示しています。

保育者の思いを職員間で共通理解し、きちんと可視化して保護者に伝えたことで、このような手応えを感じることができました。現場での保育だけではなく、保育の記録、保護者への発信も、保育者の大切な役割だといえます。

（文責・杉本桂子）

幼児教育での視点を小学校につなげる記録
～学校種におけるそれぞれの育ちの理解～

幼児教育における育ち・学びは見えにくい

「幼児教育で非認知的能力を育むことは重要である」と、近年よく言われるようになりました。時に、非認知的能力は、「見えない力、見えにくい力」と表現されることもあります。

「見えない力、見えにくい力」をいかに育てていくのか、それが幼児教育のもつ難しさの１つと言えます。子どもの育ちの方向性が合っているのか、そのルート（道筋）を求めても、進捗状況が確認しにくいことも難しさの要因でしょう。

そこで、私の園では次のようなプロセスで保育計画を立て、実践しています。

①ルートを計画する（保育の計画）。

②ルートの走行中（保育実行中）に起こる、自然発生的な育ちのタネをキャッチする（子どものつぶやきをキャッチする）。

③活動前に計画した意図的な学びのタネと、自然発生的に起こった子ども発信の学びのタネをつなぎ、実践する（子ども主体の保育に向かう姿勢）。

④走行してきた（保育実践した）ルートを振り返り、現在地からここまで進んだ経過と、次の目的地やそのねらい（保育の振り返り）を再構築する。

これは、いわゆる「PDCAサイクル」になっているとも考えられます。

幼児教育の育ち・学びのとらえ方

私は小学校教員として担任の経験があるのですが、その経験を通して幼児教育と小学校教育の「育ち・学び」に次のような違いを感じています。

幼児教育の育ち・学び
環境を通して
生活経験
あそびを中心として

小学校教育の育ち・学び
授業を中心として

幼児教育は「ねらいに対して、どのように子どもが育とうとしたか」「その子どもが、いかに変容し育っていったか」ということなどを評価するため、「ねらいはなにか」「子どもの育ち、変容を保育者がどのようにとらえたのか」「活動を通して子どもがどう育ったのか、またどの方向に育とうとしているのか」ということを、可視化させていくことが必要です。それには、ドキュメンテーションやポートフォリオといった記録が活用されるでしょう。

ただし、幼児教育の育ち・学びをとらえるには次のような難しさもあります。

①環境・生活経験・あそびから生まれる育ち・学びは偶発的に起こることが多い。

②保育者が想定する育ち・学びだけでなく、想定外のことが起こりやすい。
③幼児教育の学びは、目に見える「できた」を扱うだけではないことが多い。
④ねらいをもって子どもの活動を支えることが幼児教育（＝保育者の専門性・教科書のない難しさ）である。

これらのことは、日々の保育活動の中で無数に起こっています。保育活動の中で起こっている子どもの育ち・学びに対し光を当て、可視化するのは、その変容を共に感じている保育者にしかできないことです。

保育者の専門的な見地

保育活動の中で起こる無数の育ち・学びのタネは、どのような時に生まれ、どのようなことにつながっていくのでしょうか。

ここで、鬼ごっこの例を参考に見ていきましょう。下図では、「おもしろくない」という子どものつぶやきに対し、保育者が投げかけた「どうしたら、おもしろくなるかな？」という問いかけで、子どもたちの思いを引き出しています。子どもが考えようとする機会ができたことで、子どもなりの様々な発想が生まれることにつながりました。この「立ち止まって考えようとする

鬼ごっこをしていると……

この場面から見えた非認知的能力のかけら
伝え合い・協同性・思考力の芽生え（ルール）

こと」を経て、非認知的能力のかけらが多く生まれることになります。
「見えない力・見えにくい力」は、少なくとも次の4つの過程を経ることで、理解されやすくなります。

①保育者のかかわりや環境を通して、子どもが立ち止まり、考えようとすることができる時間、機会をつくる。
②立ち止まって考えることで生まれた子どものつぶやきを保育者が記録し、記憶する。
③保育者が、子どもの姿を活動のねらいとつなげる視点をもち、ストーリーとして一連の流れと育ち・学びを記述する。
④保護者等が実感をともなって、子どもの変容を感じることができるように、タイムリーに発信する。

中でも、「結果ではなく、過程に光を当てること」は、子どもたちの変容を一連のストーリーとしてとらえることにつながり、保護者だけでなく保育場面を直接見ていない層に対しても、子どもの育ち・学びへの理解を促すことができるでしょう。
こうした保育者の専門性は、医者と患者に置き換えるとわかりやすくなります。例えば、「風邪かもしれない」と思って病院を受診したとします。果たして皆さんは次のどちらの診断なら、納得して受け入れられますか。

医者A：あー、それは今流行っているから、多分一般的な風邪ですね。
医者B：検査しますね。……検査結果からも、症状からも、一般的な風邪ですね。

医者A 症状の聞き取りだけで判断
今流行っているから、多分一般的な風邪ですね
本当かなあ

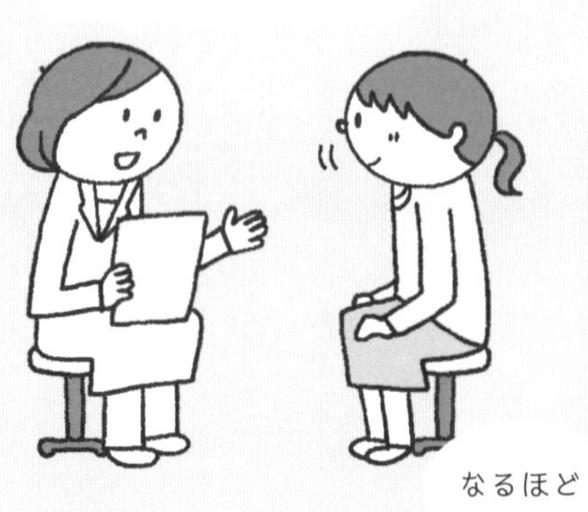

医者B 検査結果も見て判断
検査結果や症状から、一般的な風邪ですね
なるほど

「医者A」は、患者個人の症状の聞き取りや状況を専門的見地や検査等を用いずに診断しています。一方「医者B」は、患者個人の症状を検査という客観的な事柄を用いて調べ、専門的見地を含めて理論的に妥当とされることと照らし合わせて診断しています。

似たようなことが、私たち保育の世界でも見られます。保育者が子どもの育ち・学びを専門的な見地から、そして育ちのストーリーや過程を踏まえ、育とうとしている方向性を整理し、保護者等に伝えることは、「医者B」のような丁寧な診断につながるでしょう。

育ち・学びを可視化する意味

多くの園で行われている「行事」の視点で考えてみます。様々なとらえ方がありますが、「行事」という言葉から、次のようなことを連想したり、とらえたりしているのではないでしょうか。

①みんな一緒に⇒そろうことが美しい(一糸乱れぬことこそ大切!)

②できなかったことができるようになったことへの感動文化(目に見える変化を優先)

③行事＝festival(お祭り)というとらえ方、または儀式的なとらえ方⇒厳かに・静粛に

④小学校の行事のイメージを幼児教育に下ろしている文化⇒運動会と言えば綱引き・玉入れだよね〜

このように、人によってはとらえ方が異なる行事について伝える時に、私の園では次のような視点を大切にしています。本書で紹介した事例にも、これらの視点が含まれたものが多く見られるので、参照してみてください。

日々の活動を行事につなげていくことの価値

例)発表会で忍者が登場する劇をすることになった

行事のための行事

＊いつから練習させないといけないかな?
＊声が小さいから、発声練習いるかな?
＊セリフがそろわないから、保護者の反応が心配
＊きれいに整列させないと
＊忍者の出てくる絵本を読み聞かせして、イメージをもたせないと

日々の活動がつながる行事

＊手裏剣コーナーをつくろうかな
＊忍者についての絵本コーナーを増やそう
＊忍者のイメージを広げる連想ゲームをしよう
＊「修行」と銘打った体育あそびがはやりそう
＊グループでセリフと得意技を考えよう

①「できなかったけどやろうとした」姿や場面があったか。
②行事を通して、友だちへの関心や友だちとのかかわりが高まったか。
③日常のあそび・生活経験が行事につながっているか。
④行事に対しての子ども自身の思いや提案が出てきたか。

小学校につながる育ち・学びの記録

幼児教育と小学校教育には大小様々な違い（俗にいう段差）が存在します。これは、一昔前に「小1プロブレム」という言葉で表現されることが多くありました。私は、公立小学校の教員として担任をした経験から感じた主な違い（段差）を、子ども目線、保護者目線の双方から、幼児教育と小学校教育を比較してみました（89ページ参照）。

また89ページの表に加え、幼小の教職員間のお互いの教育内容の理解や、大切にしている考え方や文化にも、違い（教職員の学校種の違いにおける意識の差）があると考えてみました（89ページ参照）。

幼児教育では、「幼児期の終わりまでに育ってほしい姿（10の姿）」をはじめ、「育みたい子どもの姿」や「育って欲しい方向性」などを表しているものがありますが、加えて、各園では子どもの発達段階や興味・関心、地域性など多様な要素を踏まえて、保育内容や計画も考えられています。そのため、就学までに子どもが経験してきた活動や内容、育ちが、全く同じにはなりません。だからこそ、園ごとのねらいや育ちをしっかり発信していくことが大切です。

幼児教育ならではの大切にしていることや、89ページの表のような違いはあくまでも一例ですが、幼児教育と小学校教育にある様々な違いを踏まえ、学校種間を超えた共有がお互いにできるような文脈で伝えたり、共有できる仕掛けや取り組みを設けたりする必要があります。

そのための1つの方法として、「ねらいに対して、子どもたちはこのように活動をしてきました。このように育ってきました」という記録が、子どもたちの学びのストーリー、具体的な学びの足跡となります。この学びのストーリーを小学校の先生方に見ていただき、結果だけではなく、子どもたちが歩んできた過程を知っていただき、共有することが大変重要です。

また、幼児教育は「あそびが中心」と言われていますが、この「あそび」という行為を「ただ遊んでいるだけ」とならないように工夫することも大切です。

幼児教育での「あそび」が、いかに小学校教育の学びを豊かにするかということを、小学校の先生方と共有することで、学校種を超えた学びの連続性の理解につなげていかねばなりません。それには、専門的な見地をもって書かれた、わかりやすい記録が生きてくるはずです。

記録は、メッセージ性の高いツールと言えます。「見えない力・見えにくい力」である非認知的能力の育ち・学びについても、その過程に焦点を当てることで、子どもの育ちを伝えることができます。

私は、園での記録が、小学校での学びにつながるだけでなく、子どもにかかわる周囲の大人が、子どもの取り組んできた道筋（過程）に関心をもち、その結果だけではなく、頑張ってきた過程を語り合うためのツールとして活用されることが理想的だと考えます。

（文責：岡部祐輝）

子ども目線の違い（段差）

幼児教育	小学校教育
あそびを通して生活経験を高める	教科指導が中心で学びを深める
時間の枠がゆるやか（チャイムがない）	時間割がある（チャイムで動く）
先生や保護者のフォローがたくさんある	原則、自分のことは自分でする
決められた時間座ることは、比較的短時間である	45 分は座って話を聞かなければならない
登降園は保護者同伴かバスが基本	家から学校までは 1 人、もしくは友だちと
宿題と呼ばれるものが（あまり）ない	宿題がある

保護者目線の違い（段差）

幼児教育	小学校教育
先生とのコミュニケーションが多い	先生とのコミュニケーションが少ない
手紙が多い（細かく伝達する）	手紙が少ない（細かな伝達が少ない）
子どもの様子が把握しやすい	子どもの様子が把握しにくくなっていく
宿題チェックがあまりない	宿題のチェックがある
帰ってくる時間が早い ※2、3 号認定、預かり保育を除く	帰ってくる時間が遅い

※園や学校により異なる場合があります。

乳幼児教育の質の維持・向上のために

すべての子どもに質の高い乳幼児教育を

乳幼児教育の無償化や義務化が各国で進められています。日本でも2019年10月から幼児教育が無償となりました。この背景には、保護者の就労支援という観点のみならず、すべての子どもの権利保障として、幼児教育が位置づけられたことがあります。ここには様々な分野の研究成果が根拠としてあります。つまり、小学校以降の教育とは異なる、あそびや生活を中心とした環境を通じた乳幼児期に適した教育が、一生涯にわたる人格形成の基礎となることや、保護者の考え方や社会経済的背景によらず、すべての子どもに対して、その時期に適した教育を保障することが大切であると、各種研究で明らかにされてきたからです。

無償化や義務化に伴い、乳幼児教育の質の維持・向上を図る必要性が議論され、実際に各省庁で質を検討する委員会が立ちあげられ、検討が進められました。行政等から見れば、質は（システムとして）確保すべきもので、向上を図るべきものですが、保育実践現場の立場で当事者的に考えれば、質は維持して向上させるものだと思います。よって筆者は、「質の維持・向上」と、表現したいと思います。

無償化や義務化の文脈で、説明責任に応えることも範疇に入れた、乳幼児教育の質の維持・向上がめざされるのは大切なことです。これに加えて、乳幼児教育の独自性を踏まえた実践の質の維持・向上を図ることが大切であると考えます。

乳幼児教育では、要領や指針にあるように、「気付く」「親しむ」「楽しむ」「味わう」といった心を育むこと、つまり、心情・意欲・態度の育ちを大切にしています。一方で、小学校以降の学習指導要領では、心情・意欲・態度の育ちに加えて、特定の内容を覚えることやできるようになることが列挙されています。乳幼児教育では、具体的に覚えたりできるようになるべき内容が列挙されていないので、質の維持・向上を図るためには、実践の可視化、省察、課題抽出、改善による、カリキュラム・マネジメントを実施することが不可欠なのです。

カリキュラム・マネジメントの大切さ

カリキュラム・マネジメントとは、教育課程とその実践を運営していくことです。乳幼児教育の現場では、何を学ぶのかという内容よりも、学びに向かう姿勢が大切にされます。対象が何であれ、人やものに興味・関心をもったり、気付いたりする気持ちや思いをもつこと、考えたり、試行錯誤したり、アレンジしたりといった気持ちを育むことが大切にされています。よって、カリキュラム・マネジメントにあたっては、計画通りに進んだのか、実際の目標通りに到達したのか、といった点にとらわれてしまわないようにすべきだと考えます。

むしろ、乳幼児教育のカリキュラム・マ

ネジメントにあたっては、子ども理解を深めること、子どもの実際の姿（興味、発達、課題等）を踏まえて計画を立てること、実践しつつ常に子どもの姿を見取りながら、状況によっては計画通りではなく、臨機応変に計画を変更すること、つまり、実践を保育者と子どもとの相互作用の中で創っていくことが望ましいと考えます。目の前にいる乳幼児の興味・関心や、育ちや学びの姿、生活課題などをしっかりと見取り、その姿を踏まえて、要領や指針等と照らし合わせながら、個々の個性を大切にしつつ、かつ、その時期の育ちの特徴を踏まえてねらいを設定し、実践し、環境を再構成したり、援助の工夫を施したりするのが乳幼児教育の醍醐味であると思います。

ここで、子ども理解の深化や、実践の振り返りを支援する記録やその記録の方法が大切になります。それは、記録が、乳幼児理解が環境構成や環境の再構成、援助の工夫などの実践計画の基礎となるからです。

保育実践のモニタリングとICTの活用

個々の子どもを理解することは、大変難しいことです。保育者が援助する子どもの数は、世界各国に目を向けると、5歳児でも保育者1人あたり15人くらいです。クラスサイズ（保育者数によらず、1クラスあたりの最大子ども数）は20人くらいです。一方、日本の指針では、保育者1人あたりの子どもの数は5歳児で法的には30人、要領では、クラスサイズは35人となっています。

仮に1クラス20人であったとしても、1人の保育者が20人の子どもの様子を同時進行で理解するには難しい場合が多々あります。特に、子どもの主体性を尊重し、個々の子どもの興味・関心を起点とした、環境を通じた教育を実施する場合は、個々の子どもの心情や実際の言動、人間関係を理解することが望まれます。ましてや、21世紀を生き抜く子どもたちが自分らしさを発揮し、それぞれが自分の好きなこと、得意なことを伸ばしていけるような個別最適化教育を具現化するためには、個々の子どもの理解を深めていくことが今後ますます望まれます。

その支援を行う道具の1つとして、ICTの活用が世界各国で広まっています。防犯や説明責任の道具として活用することが目的で、カメラを設置する園が増えてきました。これは、万が一何かがあった時に、説明責任を果たす上でも活用でき、保育者を守り支える道具として役立ちます。加えて、保育者が確認したいと思った場面を見返すことができ、保育者が不在の時の室内や室外の様子を、保育者の助手のように記録しておくこともできます。個別最適化教育を具現化する、好きなあそび（自由あそび）を大切にした乳幼児教育実践を支える道具として、ICTの活用は今後ますます期待されるでしょう。

もちろん、乳幼児教育の実践現場では、

これまでにも、エピソード記録や実践事例を記録し、それを保育者間で共有して語り合うことにより、実践の質の維持・向上を図ってきました。同僚と共に記録を活用しながら、振り返りなどのカンファレンスを行い、アセスメント（評価）が対話を中心になされてきたのです。

昨今では、園内外での研修で、この省察と対話を中心とする乳幼児教育の質の維持・向上を図るためのICTの活用が広がりつつあります。ICTの活用により客観的なデータに支えられ、保育者が自分の判断に確信をもてたり、予測していた状況が実際にそうであったと確認できたりするケースも多々あると思います。

同時進行で、ライブで展開する保育実践現場は、多様で複雑です。その中で、保育者の心を支える道具にICTはなりえると思います。つまり、保育者自身が子どもへの理解や実践における判断について確認したいと考えた時や、自分がその場にいなかった場合での子どもの様子を知りたいと思った時に、いつでも安易にICTが活用できるので、保育者に多大な安心感を与えることも可能になるでしょう。

実際の記録方法と関連しても、ICTの活用が進みつつあります。筆者が15年ほど前にイタリアのレッジョ・エミリア市を訪れた時に、すべての保育者がICレコーダーとカメラを手にしていて驚きました。そこでは、個々の子どもの思いや考え、子ども同士の対話を録音したり、没頭して遊ぶ姿や、試行錯誤して遊ぶ姿を録画したりしていました。

昨今では、日本でも保育者1人1台のタブレットを手にしている姿が広がりつつあります。膨大な記録を収集することや整理することが、多忙な保育者の負担を増やすこととならないようなICTの開発や活用方法の開発も進められつつあります。音声入力や写真や映像の子ども別、場面別、10の姿別のソート機能などがあります（保育実践へのICT活用方法の開発例については、以下を参照。研究代表者：北野幸子（2020）：令和元年度　文部科学省委託「幼児教育の教育課題に対応した指導方法等充実調査研究 ICTや先端技術の活用などを通じた幼児教育の充実の在り方に関する調査研究『遊びと生活場面における個々の子ども理解と援助の充実につながるICTの活用方法に関する調査研究』」令和2年3月.国立大学法人神戸大学）。

保育者を支え、すべての子どもたちが質の高い乳幼児教育の経験を得る権利を保障するために、今後ますます、道具としてのICTの活用が進むことを期待しています。

乳幼児教育・保育の重要性を広く伝えていくために

4年ほど前、大阪府私立幼稚園連盟の教育研究所の方々が、第26次プロジェクト研究への参画を私にご依頼してくださった折、その志や覚悟に強く感動したことが、昨日のことのように思い出されます。ご依頼の趣旨は、これまでの子ども主体の保育実践のあり方についての研究成果を継承しつつも、特に、この度の認定こども園化に伴われる諸問題への危機感から、クオリティの高い研究をより長いスパンで構想し、その成果をしっかりと社会に発信していきたい、といったものでした。

教育研究所の先生方は、認定こども園化に伴い、幼児教育を小学校の準備教育や前倒し教育としてみなす風潮があることで、乳幼児期に適さない教育方法が広がってしまわないか、また、3歳未満児の教育についても、前倒しの教育が浸透してしまわないか、といった危機意識をもっておられました。私も強く共感し、このご依頼をうれしく思いました。

次世代育成＝教育は、対象となる人の年齢によって方法や内容が異なるとしても、その重要性に上下はない、という信念が私にはあります。しかしながら、乳幼児教育・保育の重要性は、まだまだ社会に浸透していません。乳幼児教育学の研究に長年携わり、それをライフワークとしてきた研究者の一人として、自らの力不足と努力不足を猛省するところです。

そのような折、この研究に本腰を入れてご一緒してくださる同志の先生方との出会いは、私にとってかけがえのないものとなりました。この研究は、子どもの主体性を尊重したあそび中心の教育の科学化をめざしてきました。特に0歳からの教育、社会情動的な力（非認知的能力）をいかに育んでいくのかについて、保育者の専門性に焦点をあてています。研究会では、実践事例等のデータの検討を丁寧に行いつつ、各種先行研究と比較しながら、保育者の専門性を探求してきました。共同研究者の先生方は、保育実践者としても、実践研究者としても力量が高く、その先生方と一緒に進める研究時間は、私にとってこの上なく大切な学びの機会となっています。

この度、その途中経過を発信する機会に恵まれました。本著の出版企画をご依頼くださった「日本標準」の田中秀一様、編集スタッフの方々、北野研究室の若林さん、院生・学部生の皆さん、そして、何よりもたくさんの知見を与えてくださった園の先生方、特に、乳幼児の皆様に深く、深く感謝申し上げます。

未曾有のパンデミックの中、子どもたちの一番近くで、その命と心を守り、支えてくださっている保育界の仲間である保育者の先生方に心より敬意をはらいつつ。

神戸大学大学院　人間発達環境学研究科
准教授　北野 幸子

【著者紹介】

大阪府私立幼稚園連盟

大阪府内の私立幼稚園418園が加盟する幼児教育団体。子どもの育ちを大切にする社会の実現のため、「こどもをまんなか」に全ての子どもの健やかな成長と幸せな人生を願う組織として、「共に」、質の高い幼児教育の提供と子育て支援等の充実により、大阪の子どもたちのよりよい育ちを支えている。加盟するそれぞれの園が、建学の精神のもと、公共性と独自性をもちながら特色ある幼児教育を行っている。

●所在地
〒534-0026 大阪市都島区網島町6-20 大阪私学会館内
電話 06-6351-5574

第26次プロジェクトメンバー

原　史臣　（大阪府私立幼稚園連盟教育研究所 所長 畷幼稚園 園長）
岡部祐輝　（大阪府私立幼稚園連盟教育研究所 副所長 高槻双葉幼稚園 教頭）
安達かえで　（せんりひじり幼稚園 副園長）
安達理矢　（ひじり幼稚園・ひじり保育園 副園長）
井上真也香　（畷幼稚園 教諭）
上蔀清美　（御幸幼稚園・さくらんぼ保育園 保育主任）
小野寺敦子　（ひじりにじいろ保育園 副園長）
河村有希　（庄内こどもの杜幼稚園 保育教諭）
小池聖子　（光の園幼稚園 園長）
杉本桂子　（ひじり幼稚園・ひじり保育園 教諭）
田中有美子　（小松幼稚園・こまつ保育園 主任保育士）
永谷　綾　（金田幼稚園 教諭）
楠城隆子　（日吉幼稚園 主幹教諭）
原田実香　（御幸幼稚園・さくらんぼ保育園 主幹保育教諭）
本島真理子　（日吉幼稚園 教頭）
吉田陽香　（豊中みどり幼稚園 教諭）

2020年３月31日現在

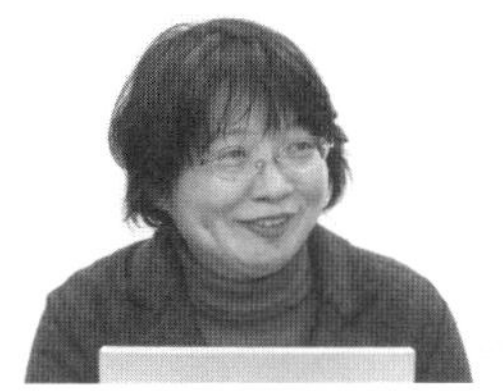

北野幸子（きたの さちこ）

神戸大学大学院人間発達環境学研究科准教授。
神戸大学教育学部幼児教育科卒業。広島大学大学院教育学研究科博士課程後期幼児学専攻単位修得満期退学。広島国際大学、福岡教育大学教育学部准教授を経て現職。専門分野は、乳幼児教育学、保育学、保育領域の専門性。日本保育学会理事、日本乳幼児教育学会理事、環太平洋乳幼児教育学会理事等を歴任。

●著書
『保育者論 子どもの未来を拓く保育者の役割』（共著・光生館）
「3・4・5歳児　子どもの姿ベースの指導計画」（共著・フレーベル館）
「乳幼児カリキュラム論　教育課程・全体的な計画の編成と評価」（建帛社）
「子どもの教育原理」（建帛社）
「手がるに園内研修メイキング みんなでつくる保育の力」（共著・わかば社）
「保育課程論」（北大路書房）　など多数

子どもと保育者でつくる育ちの記録
―あそびの中の育ちを可視化する―

2020年 6 月 5 日　第 1 刷発行
2022年11月19日　第 4 刷発行

監　修　北野幸子
著　者　北野幸子・大阪府私立幼稚園連盟 第26次プロジェクトメンバー
発行者　河野晋三
発行所　株式会社 日本標準
　　　　〒350-1221　埼玉県日高市下大谷沢91-5
　　　　電話 04-2935-4671
　　　　FAX 050-3737-8750

ホームページ　https://www.nipponhyojun.co.jp/
編集協力　上井美穂（こんぺいとぷらねっと）
　　　　　田上幸代
　　　　　山本七枝子
デザイン　熊谷昭典（SPAIS）
イラスト　みやれいこ
　　　　　宇江喜桜（SPAIS）
印刷・製本　株式会社 リーブルテック

ISBN 978-4-8208-0692-9